© All rights reserved, including the right to reproduce this book or portions thereof in any form whatsoever without the express written permission of the publisher except for the use of brief quotations in a book review.

Printed by KhulumaAfrika Speak Africa (Pty) Ltd
First Printing 2024
KhulumaAfrika SpeakAfrica Publishers
Parkhill, Durban North
South Africa

Foreword...

My Conversational Zulu Handbook is a user friendly book that seeks to help a non Zulu speaker to get a quick sneak peek into the 'world' of Native Zulu speakers and effective techniques to learn Zulu as a conversational Language. This Handbook does not intended to replace formal academic study for Zulu Language and should not be treated as such. But it is an additional assistance to learning Conversational Zulu in less formal environments where the learners or the users of this Handbook had to supplement this book with real-life interactions with Native Zulu speakers in their natural environments and real-life scenarios.

In this Handbook users will find different language structures, parts of speech, Language usage in different real-life scenarios, phrases to help them start meaningful conversations, sentence formation and practical implementation of the Zulu Language for usage in everyday real-life situations, like able to read, understand a spoken language etc.

This Handbook is encouraging and promoting social interactions and networking between different people from different ethnic groups

Herein you will also find additional tasks and self-assessment exercises that will help you as a user to test and assess your own progress.

You are also given an opportunity to interact with the author to give your feedback and opinions to improve your Conversational Zulu learning experience.

Writing this Handbook has been inspired by the love of communicating with people from different ethnic backgrounds and racial groups other than mine. As an author, I have witnessed how people always love to socialize outside of their racial boundaries, Language barrier is always a challenge. So this offering is to try and eliminate such barriers.

On top of this Handbook though, individual effort is very important, just to go an extra mile to put yourself in a suitable situation where opportunities to learn Zulu are plenty.

While you are still in this mission of learning Zulu, please remember that any language is associated with the identity of that particular speaker. You need to respect other people's languages and their culture. When you are not sure if you still within acceptable conversational boundary, always ask, Zulu people are very friendly and always willing to help you learn their language, without laughing or making fun of you.

Remember that leaning a new language is not only fun, but it gives you an opportunity to make new lifetime friends and the ability to speak a new language, which is wonderful opportunity to understand someone else's culture and their lifestyle.

Masakhe ubungani Ndawonye

Let's build friendship together.

This Handbook is dedicated to all people who have been my inspiration to write this book. I want to thank KhulumaAfrika SpeakAfrica Team. They are my family, they walked with me on my adventure pathway, they are like the wind beneath my wings.

KhulumaAfrika SpeakAfrica community at large, this offering would not be possible if they were not behind KhulumaAfrika SpeakAfrica at all times, You are the best bunch of Lovely people.

My Mom, Elizabeth, the Pillar of my strength. Through the good and the painful moments she is always my source of strength to press on.

My Brothers and Sisters, together we have travelled a very difficult and impossible journey. But through everything, love for each other and the deepest desire to keep ourselves united is the only ray of light that shines our way to the bright future.

To all our sons, daughters, nephews, nieces, cousins, uncles, aunt's and all the members of our very large extended family, we are bound together by blood forever. Blood will always be thicker than water.

Remember, in our own Language we always say:

Asikho esindlebende kwabo..

Do we need rules to learn Zulu Language?

How do we learn it successfully ?

Sometimes rules are very restrictive and sometimes confusing, plus we don't learn a language by trying to cram the rules and know them by heart. But yes they will help as a guidance on the process of learning. But we naturally and successfully learn Zulu Language by:

- **Listening**

(You expose yourself to any spoken language sources, and Listen actively, trying to train your ear and familiarizing it with Zulu sound patterns and the style of pronunciation from people to people)

- **Reading**

(Read most of the sources/media in Zulu language, although here you may need to learn to write in Zulu first because in order to be able to read Zulu words and sounds, you may need to know how to write them so that you maybe able to recognize them and be able to read them)

- **Speaking**

(Eventually try to practice the few phrases and words that you have acquired through Listening and Reading, practice regularly if possible apply your practice in real life scenarios, try to continuously interact with Zulu Speakers and any Zulu literature or audio)

- **Writing**

(This is optional for Conversational Zulu Language learners, you may practice this skill as an extra advantage. Writing will also improve your reading drastically, "you can't read what you can't write", yet you can speak what you can't write or read. In other words it's possible to understand a language without necessarily knowing how to read or write it.

You can visit our Page to read our articles written in Zulu, familiarize yourself with reading Zulu material, it will definitely improve your Spoken language and it will enlarge your Zulu vocabulary.

Omission and swallowed sounds in Zulu Language:

As a Conversational Zulu Language learner, you should be aware that Zulu Language has a :
- **Written form/ and can be Read also**
- **Spoken form**

If you are not familiar with spoken Language form, although you can read it properly, but when the same words are spoken by a Native speaker you might find it very challenging to comprehend anything

•• **Written form** is very straightforward and has all the syllables and vowels of each words intact and there is a clear distinction between phrases: eg

- Hey wena mfana woza lapha! (Hey you boy come here!)

- Ubaba akekho usem'sebenzini uzobuya ngesonto elizayo (Dad/father is not here, he'll be back next week)

•• **Spoken form** is very different altogether, it's very difficult to distinguish phrases and some syllables, vowels or sounds are omitted or swallowed by a Speaker. Which makes it extremely difficult to understand anything if you only rely on written form to try to learn Zulu.

The other thing with written form is the tone of the voice and the accent which is non existent in the written form.

Take a look at the spoken form of the above examples of sentences, now if they are spoken they will appear like this:

- 'Hnamfan'Hhozala! (Hey you boy come here!)

- 'Babakekh'semsebenzin' 'zobuyangesont'el'zayo (Dad/father is not here, he'll be back next week)

Notice how spoken form differ from written form, that's how these words will reach your ear...so I can recommend that you train your ear also to try and listen to a spoken Zulu Language, especially by Native speakers, both in places where they will understand that you need them to slow down and where they just speak freely. Your ear will soon get used to a spoken form of this Wonderful Language.

Izikhathi nendlela nokubingelelana neminye yemibuzo (Times, ways to greet and some questions):

Ekuseni (Morning):
- Sawubona – Hello (one person)
- Sanibonani – Hello (More than one person)
- Yebo – (Response) Hello
- Ninjani? – How are you?
- Sisaphila/Siyaphila, singezwa nina – We are fine, how are you?
- Nathi Sisaphila – We are also fine.

(In Zulu culture it's always a sign of respect to use plural form when asking "how are you?" ("Ni"-njani, instead of "Ku"-njani, "Kunjani" is a bit informal to use when greeting elders, but you can use it when greeting your peers).

- Nilale kanjani? – How did you sleep?
- Silale kahle – We slept well

> • esiZulwini sibingelela ngendlela efanayo ngazo zonke izikhathi, umehluko uvela kuphela uma sibingelela umuntu oyedwa noma abangaphezu koyedwa. Ungabagoni abantu ongabajwayele Uma ubingelela, abantu abaningi abangamaZulu abawuthandisisi lomkhuba.

(In IsiZulu Language greeting is the same all the time, only difference is between greeting one person and greeting more than one person – "Sa wu -bona" = one person 'wu' , is telling you that you are addressing one person. //"Sa ni -bona"= more than one person 'ni', is telling you that you are addressing more than one person). Don't hug people you are not familiar with when greeting them, many Zulu people don't like this habit.

- Ukuvalelisana – Farewell & goodbye:

  - Uhambe kahle – Farewell/go well (one person)
  - Nihambe kahle – Farewell/go well (more than one person)
  - Ukhonze/ungikhonzele kubo bonke ekhaya – Pass my regards to everyone at home.
  - Ulale kahle – Goodnight (one person)
  - Nilale kahle – Goodnight (More than one person)

- Amazwi enduduzo – Sympathetic words:

  - Akwehlanga lungehli/Nilale ngenxeba/ Dudu – Condolences to you

- Ukugubha izikhathi zenjabulo – Celebrating happy moments:

  - Usuku lokuzalwa – Unwele olude/khula ukhokhobe uze udle izinyoni zabantabakho

(Birthday – Long live/ Grow old and enjoy your kid's blessings)

You can add more of your own examples, comments and suggestions.

Onkamisa BesiZulu, eziqalweni zamagama/ Zulu vowels used as prefixes in words:

(Khumbula ukuthi sithe oLimini lwesuZulu sinonkamisa abahlanu, indlela abaphinyiswa ngayo incinke ekutheni:
- bayiziqalo zamabizo { laba baphinyiswa ngendlela efananyo, ebunyeni nasebuningini}
- baba yiziqalo zeziphawulo, izibaluli kanye nezezinsizasenzo { nabo labo baphinyiswa ngendlela efanayo}

Remember we have noted that in Zulu Language we have five vowels, their pronunciation depends on:
- being used as prefixes for nouns {same pronunciation}
- being used as prefixes for adjectives and adverbs { same pronunciation})

• Onkamisa/Vowels: a, e, i, o, u.

• Iziqalo zamabizo/Nouns prefixes:

~ a – ubuningi/plural form:
- Amandla – power/Strength
- Amadoda – Men
- Amazwe – Countries njll/etc

~ e – Iziqalo zondaweni neziphawulo kanye neziqalo zongumnini/ prefixes for direction/prepositions, adjectives and possessive pronouns:
- eThekwini – in Durban
- Ekhaya – At home
- Elincane – Small/little one
- Elide – Tall one
- Enhle – A Beautiful one
- Elami – mine
- Eyami – Mine
- Elakhe – His/hers

MY CONVERSATIONAL ZULU HANDBOOK 11

- Eyakhe - His/hers
- Eyabo – Theirs
- Eyethu – Ours njll/etc

~ i – Ubunye kanye nobuningi bamabizo, kanye neziphawulo/ Singular and plural form of nouns and adjectives:
- inja – dog
- izinja – dogs
- Imfene – Baboon
- Ingane – kid/child/baby
- Inhle – It's beautiful
- Inkulu – It's huge/big/large
- Incane – It's small njll/ etc

~ o – iziqalo zeziphawulo nongumnini/prefixes for adjectives and possessive pronouns
- Olusha – the new one
- Oluncane – small one
- Owami – mine
- Owakho – yours
- Olwakhe – his/hers njll/etc

~ u – iziqalo zamabizo nezinsizasenzo/ prefixes for nouns and adverbs:
- Umuntu – a person/human
- Umuthi – medicine/tree
- Umhlaba – planet/earth
- Uyadla – he/she is eating
- Uyaphi? – where are you going?
- Uphi? – where is he/she?
- Unani? – What do you have? Njll/etc

• Iziqalo zamagama ziyaguquguquka kanjalo nonkamisa nendlela abaphinyiswa ngayo, konke kuncike emagameni, emishweni nasezimeni abasetshenziswa kuzo...

- Word prefixes will vary and change as well as pronunciation of vowels will change, all depending on words, sentences and conditions they are used in.

You can add more of your own examples...

Ukuhleleka kwemisho (Sentence patterns):

• Isikhathi esiningi asinabo ubunzima ukuqondisisa incazelo yemisho efundeka kanje:

(Most of the time we have no trouble understanding the sentences read like this):

- Uthandi upheka ukudla okumnandi

(Thandi cooks delicious food)

- Thina sidle inyama

(We ate meat)

- Umhlobo wethu usimemele isidlo sakusihlwa

(Our friend has invited us for supper)

• Ukuze sikwazi ukuqonda incazelo yalemisho ingoba ilandela uhlelo oluthile lokwakheka kwemisho

(The reason we understand these sentences is because they are arranged in a specific pattern).

• Ake sibhale yona lemisho engenhla, kodwa singalandeli uhlelo oluyilo lokukwakheka kwemisho, sibone ukuthi ungakwazi na ukuqonda incazelo yayo

(Let's write the same sentences now without following the correct sentence pattern and see if we can understand their meaning)

- Okumnandi uThandi ukudla upheka

(delicious Thandi food cooks)

- Inyama sidle thina

(Meat ate we)

- Wethu sakusihlwa umhlobo isidlo usimemele

(Our supper friend us invited).
** Ngokulandelayo sizobheka uhlelo lokwakheka kwemisho, ukuze sikwazi ukwakha imisho eqondile nezwakalayo kumele silandele loluhlelo olulandelayo ukwakha imisho
 (Next time we will be looking at sentence pattern so that we can be able to construct correct sentences using the following order)
 * Inhloko/eyibizo/umenzi (Subject)
 * Isenzo/Isehlakalo (Predicate)
 * Umenziwa (Object)

Ukwakheka kwemisho nezinhlobo zemisho Sentence construction and sentence types):

Kafushane singasho ukuthi imisho yakhiwa yizingxenyana ezintathu: (Basically there are almost three parts in a simple sentence):
- **Inhloko (Subject/Doer)**
- **Isehlakalo/Isenzo (Verb phrase)**
- **Umenziwa/Indawo/isikhathi (Predicate)**

** Izibonelo (Examples):
- Indoda idla inyama (A man eats meat)
- Indoda = inhloko (Subject)
- idla = Isenzo (Verb/action)
- inyama = Umenziwa (predicate)
(Normally in English predicate includes both verb phrase and the object part of the sentence, the last part of the sentence)
** Lona umusho olula noqondile, wona umusho lo ungaba umusho omagatshagatsha ngokujobelela izibaluli, izinkathi, njalonjalo, lokhu okubonisa ulwazi nokuceba koLimu.

(This is a simple sentence, the same sentence can be made complex by adding adverbs, adjectives, etc, this shows the knowledge and the wealth of the Language)
** Isibonelo(Example):
Indoda idla inyama (A man eats meat) – simple sentence

- Indoda enkulu ende emnyama idla inyama eningi enonile zonke izinsuku

(A huge tall black man eats a lot of fat meat everyday) – complex sentence

** Uma uya ngokukhula ekwazini uLimi lwesiZulu ungasebenzisa manje onke amagama asezifundweni kulencwadi ukuzilolonga ukukhuluma isiZulu ezingeni elithe ukuphakama.

(As you are growing your level of understanding Zulu Language you can now use most of the lessons in this book to train yourself to speak isiZulu in more advanced level).

Izinhlobo zemisho (Sentence types):

- Ake sibuke izinhlobo ezijwayelekile zemisho nezibonelo zayo

(Let's look at types of sentences and their examples);
- Imisho Ebikayo (Statements)

- Ubumpofu abusho ukuba isigqila sezimpunyela (Poverty doesn't mean to become a slave of the rich people)

- Lomusho ungobikayo ngoba zonke izingxenye ziphelele;
1. Inhloko/Umenzi, (Ubumpofu)
2. Ibinzana lesenzo, (akusho ukuba isigqila)
3. Umenziwa,(sezimpunyela).//
(This sentence is a statement because all the parts of a sentence are there;
1. Subject/Noun (Poverty),
2. Verb phrase (doesn't mean to become a slave of)+
3. Object (rich people)= (2&3 make a predicate of the sentence)
- Njengoba sibonile esifundweni esedlule ukuthi wona lomusho sisengajobelela iziphawulo, izibaluli kanye nezinkathi/indawo njalonjalo ukwenza lomusho ube magatshagatsha futhi unike nencazelo ethe ukuba banzi, lokho kusho ukukhula kolwazi lolimi.

(- As we have seen in the previous lesson that this same sentence can be modified by adding adverbs, adjectives, time/place to make it a complex sentence and to make it give broader explanation and indicates more profound knowledge of the Language).

Amagama – ukwakheka kwamagama (Construction of words/parts of words/ Morphemes)

- Kunezingxenyana ezincane ezikhona ekwakhiweni kwamagama okuyizona ezinika igama incazelo, lezizingxenyana angeke sakwazi ukuzehlukanisa.

(When constructing a word there are small units that are used to give such word a meaning, these units cannot be subdivided further):

° Lezizingxenyana – Morphemes:

   - Ezizimele – Free morphemes:

(iziqu/stems)
Bhala – write
Khula – Grow up
Khomba – Point (njll/etc)

   - Ezincikile – Bound morphemes:

Um – (Umbhali – a Writer)
Uku – (Ukubhala – to Write)
Ka – (Ka + khulu – Loudly)

   - Ana (Umfana + ana = Umfanyana – Small boy) (njll/etc)

   - Lezizingxenyana azikwazi ukuzimela ngazodwana, kodwa zilumbaniswa nezingxenyana ezizemele ukuze kuvele incacelo entsha, lezizingxenyana zingasetshenziswa njengeziqalo noma izijobelelo /

   - These morphemes can't stand on their own, but they are added to free morphemes to give new meaning to the original free morpheme/word, these morphemes can can be used as prefixes or suffixes.

° Amagama ahlukaniswe ngokwezigaba ezimbili/
Words are classified into two groups:

- Amagama ayiqoqo eligcinwe enqolobaneni yomqondo /

Lexical or content
Leliqoqo lamagama libanzi futhi livulekile;/
These words are called open class words;
Amabizo/Nouns: Ukudla – Food
Izenzo/Verbs: Idla – Eat
Iziphawulo/Izibaluli/Adjectives: Okudlekayo – Edible
Izinsizasenzo/Adverbs: (Idla) Ngokushesha – (Eat) Quickly/Fast
Kuleliqoqo kungengezelwa amagama amasha/
In this class of words, new words can be added

- Kube amagama aqondene nokusetshenziswa kolimi/

Function or grammatical words;
Izihlanganiso/Conjunctions : Ngoba – Because
Noma – Or
IIzabizwana/Pronouns: Yena – Him/Her/He/She etc
Izinkomba /Prepositions and articles
Phezu – On
Ngaphansi – Under
Eca – Next to
Etc
Kuleliqoqo akuvamile ukuthi kwengezwe amagama amasha/
In this class new words are rarely added
You can add more of your own examples.

Izibonelo ngokusetshenziswa koLimi (Examples on Language usage):

Hamba (Walk / go)
- Ngiyahamba – I am going/ walking

"Ngi" (singular subject) + "-ya" (prefix showing continuous action)

- Ngizohamba – I will go

"Ngi" (singular subject) + "-zo" (prefix showing future, action to happen in the future)

- Ngahamba/ngaya – I went /I gone)

" Ng" (singular subject) + -"a" Indicating past tense, long gone action)

- Ngohamba – I will go

"Ng" (singular subject) + -"o" Indicating action to happen in the future, near or further)

•• Please Note: Same examples above will apply to different "Subjects " ie:
-"Si" We
- "Ba" They
- "U" He/She

•• And when it comes to "Negative " statements :
- Angihambi / Ngeke ngihambe – I'm not going

"A" – negative prefix or "Ngeke" also a negative prefix + "ngi"- Indicating singular subject+ -"hamb"- verb stem, doesn't change + "i" negative suffix ,

- Note that if you have use "ngeke" as your negative prefix, then your negative suffix in the verb sterm will be –"e"

•• Same will also apply to different prefixes as in the former examples above.

Questions to help in a conversation – Imibuzo elekelela engxoxweni:

**Questions to help in conversation – Imibuzo elekelela engxoxweni:

* What? - Ini/yini?
- What's your name? – Ungubani igama lakho?
- What is this? – Yini lena?
- What is going on? – Kwenzenjani?/ Kwenzekani?
- What are you doing? – Wenzani?
- What else? – Yini enye?/Yini elandelayo?
- What now? – Yini manje?
* Who? – Ubani?
- Who are you? – Ungubani?
- Who else? – Ubani omunye?
- Who is this? – Ubani lona?
- Who is that? – Ubani Lowo?
- Who is there? – Ubani olapho?
- Who is here? – Ubani olapha?
* Where – Kuphi?
- Where are you going? – Uyaphi?
- Where are you from? – Uqhamukaphi?
- Where are you coming from? – Ubuyaphi?/Uphumaphi?
- Where are you? – Ukuphi?
- Where is this? – Iphi le?
- Where is this place? – Ikuphi lendawo?
- Where is everyone? – Baphi bonke abantu?
* When? – Nini?
- When are you going? – Uhamba nini?/Uzohamba nini?
- When did you arrive? – Ufike nini?

* Why? – Ngobani?/Kungani?
- Why are you here? – Kungani ulapha?
* How? – Kanjani?
- How is that going to happen? – Kuzokwenzeka kanjani lokho?
- How was your day? – Belunjani usuku lwakho?
- How did you do that? – Ukwenze kanjani lokho?
* Which one? – Yona yiphi?
- Which one do you want? – Ufuna yiphi?
- Which one is the best? – Iyona yiphi enhle kakhulu?

***Khumbula ke ukuthi kulemibuzo engenhla, inhloko noma umenziwa okukhulunywa ngaye angaba yedwa, lokho sizokuqaphela eziqalweni zezivumelwano zenhloko noma zikamenziwa lowo okukhulunywa ngaye noma naye. Kanjalo uma inhloko noma umenziwa esesebuningini, kumele neziqalo zakhona zikhombise ubuningi.

***Please take note that in the above questions, the subject or the object/predicate can be in a singular form, that can be noted from the prefixes used in that particular subject or predicate. So as when the subject or predicate is in the plural form, their prefixes should indicate that as well.

- Isibonelo/Example:

(Inhloko esebunyeni/Singular subject): Ukwenze kanjani – How did you do it?
(Inhloko esebuningini/plural subject): Nikwenze kanjani – How did you do it?

Please note that in English it's still the same, but in Zulu prefixes will always reflect the singular or plural form of the subject or predicate.

Ulimi olukhulunywayo nolimi olubhalwayo (Spoken language versus written language):

- Ulimi olukhulunywayo – izibonelo (Spoken language – examples):
  - Asikhulumi njengoba kubhaliwe (We don't speak as written)
  - Asigcizeleli onke amagama njengoba ebhaliwe (We don't emphasize all words in spoken language like we do in written language)
  - Ulimi luyathamba uma sikhuluma (Spoken language is rolling the tongue and omitting some words and not emphasising all words like written language).
  * Uma sibhala (If we write):
  - Ubaba wethu uyeza namhlanje sizomphekela ukudla okumnandi. (Our father is coming today, we will cook him a delicious meal)
  * Uma sikhuluma (If we speak):
  - Ubab'weth'uyez' namhlanj'somphekel'ukudl'okumnandi (Our fath'is comin' today 'n'll cook'im delicious meal).

As a speaker of a Language you'll not only know the correct form of a Language, but you will hear if that language is wrongly spoken and you can tell the correct accent from the wrong one (Njengesikhulumi solimi awugcini nje ngokwazi indlela eyiyo yokusetshenziswa kolimi, kodwa uyakwazi ukuzwa uma ulimi lolo lusetshenziswa ngendlela okungesiyo futhi uyakwazi ukuzwa ukuphinyiswa kwemisindo nokuguquguquka kwephimbo okuyikho kulokho okungesikho).

Now it's your duty to exercise and practice speaking Zulu up to a point where you will master a correct pronunciation and accent of a Native speaker, you will achieve this by interacting with Native speakers of IsiZulu Language.

(Manje sekukuwe ke ukuzilolonga, uzivocavoce ukhulume isiZulu kuze kube ukuthi uyalubambisisa kahle ulimi lwesiZulu ulukhume njengamaZulu, lokho uyokwenza ngokuzibandakanya nawo amaZulu).

Amagama abantu adumile esiZulwini:
(Popular names of people in Zulu Language)

Awamantombazane :
(For girls)
- Mbali : Flower
- Nobuhle : The One with Beauty
- Nothando: The One with Love
- Nkosi'ngiphile: The Lord has given me
- Aphelele : They are perfect/enough (girls) or refering to clan/family surname.
- Aphiwe : They are given (refering to clan/family)
- Zinhle : They are beautiful (maidens/girls)
- Sibahle : We are Beautiful
- Siphiwe : We are Given
- Nokuthula : The One with peace
- Thandiwe : The one who is loved
- Sithokozile : We are happy
- Buhle : Beauty
- Bongiwe : Gratitude has been given for her
- Senamile : We are happy
- Sibongile : We have given gratitude
- Sinikiwe : We have been offered/given
- Nontobeko : The One with humility
- Nontokozo : The One with joy
- Nonjabulo : The One with happiness
- Nonhle : The One who is Beautiful
- Gugulethu : Our Precious (one/gift)
- Thembeka : The one you can trust/ The One who is trustworthy
- Ntombizodwa ❖it's) Only girls

- Ntombizonke : (it's) All girls
- Sthandwa : Loved One
- Muntuza : Baby
- Zanele : They are enough (Girls/Maidens)
- Zandile : They have increased (Maidens)
- Nonkululeko : The One with Freedom
- Unathi : She is with us or He is with us (God)
- Mihla : Moments
- Emihle : Good (Moments)
- Minenhle : Beautiful/Good day
- Ezile : They have come (Girls/clan/family surname)
- Fikile : She has arrived
- Nonhlanhla : The one who is always fortunate
- Siph'esihle : Good/beautiful gift
- Silindile : We are waiting
- Linda : Wait/Be patient
- Nompumelelo : The One who is always successful
- Siyamthanda : We love her
- Sinezelwe : We have been increased
- Zesuliwe : Our tears have been wiped
- Sibonga Yena : We give Him gratitude/We are grateful to Him (God)

You can also give your own examples, they will be highly appreciated.

Izinto okumele uziqondisise ngoLimi – Things you need to understand with a Language

• Ulimi lune/ Language has:

- Imisindo – Sounds
  - Amagama – Words
  - Imithetho yolimi – Grammar rules
  • Amagama olimini anesiphelo, kodwa imisho yona ayinasiphelo – Words are finite, but sentences are infinite
  • Imithetho youkusetshenziswa kolimi inalokhu okulandelayo – Grammar rules include:
  - Imisindo (phonology) – Sound system
  - Ukwakheka kwamagama (morphology) – the structure of words
  - Ukuhlanganiswa kwamagama kwakhiwa imisho (syntax) – Combination of words into sentences
  - Ubuhlobo phakathi kwemisindo yamagama nezincazelo (semantics) – The ways in which sounds and meanings are related.
  - Inqolobane yamagama agcinwe emqondweni ngempumelelo (lexicon) – Mental dictionary of words.

• Ulwazi ke lolimi kufaka Phakathi konke lokhu okungasenhla esesikhulume ngakho. Okusho ukwazi ukuzwa umehluko phakathi kokusetshenziswa kolimi ngokuyikho kanye nalokho okungesikho (Competence) – Knowledge of a Language, which includes all what we have talked about on top, to be able to distinguish between the correct usage of a language from the incorrect usage.

• Ukwazi ke uLimi kuyenzeka kwehluke ckukwazini ukulusebenzisa, omunye umuntu angalwazi ulimi kodwa akhethe ukungalusebenzisi (Perfomance) - Ability to speak a Language (please note that one needs to be 'Competent 'to be able to 'Perform ') uma ungenalwazi lolimi, ngeke wakwazi ukulusebenzisa.

Ukwakheka kwamagama/ Amabizo// Word formation/Nouns

Izibonelo/Examples:

Indoda – Amadoda (Man – Men)
Indodakazi (Daughter)
Indodana (Son)
Indojeyana (Little man, Sarcasm)
 # Lamabizo asuselwa esiqwini "-ndoda" (these nouns are built/ formed on the stem "-ndoda")
 # Amabizo angakhiwa ngezingxenyana ezintathu (Nouns can be formed by three parts):
1 Isiqalo (Prefix)
2 Isiqu (Stem)
3 Isijobelelo (Suffix)

1 Isiqalo emabizweni singakhomba ubunye nobuningi balelo nalelo bizo esisetsenziswe kulo. Isiqalo siba ngasekuqaleni kwebizo ngasosonke isikhathi. (Prefix in nouns can indicate singular and plural form of that particular noun where it has been used. Prefix is always at the beginning of the noun).

2 Isiqu imvamisa, asiguquki noma igama lingaba sebunyeni noma sebuningini, Isiqu sona sihlala sinjalo, asiguquki noma kungafakwa Isijobelelo.

(Stem usually, does not change whether the word is in singular or in plural form, stem remain unchanged, even the suffix does not affect/ change the stem)

3 Isijobelelo sona singasekugcineni kwebizo. Isijobelelo singayiguqula incazelo yebizo, singabalula noma siphawule ngobunjalo noma ubungako bebizo lelo. Kuyenzeka futhi Isijobelelo sikhombe ubulili bebizo.

(Suffix is at the end of a noun. Suffix can change the meaning of the noun altogether, it can also be adjectival/adverbial to indicate manner/size of the noun. It can also indicate the gender of the Noun).

Izibonelo (Examples):
Iziqalo zobunye nobuningi (Prefixes indicating singular and plural form):

Umu – ntu (Person)
    Aba – ntu (People)
    I - ndoda (Man)
    Ama – doda (Men)
    Isi - nkwa (Bread)
    Izi - nkwa (Breads)

Izijobelelo (Suffixes):

Umuntu + ana – Umntwana (Baby)
   Abantu + ana – Abantwana (Babies)
   Indoda + ana – Indodana (Son)
   Indoda + kazi – Indodakazi (Daughter)
   Mnyama + ana – Mnyamana (Black one)

Izijobelelo ezigcina ngo "-ana" zikhomba ubuncane bento, ziyanciphisa (Suffixes ending with "-ana" indicate "small"/"little"/"few" of something)

Izijobelelo ezigcina ngo "-kazi" zikhomba ubukhulu noma ubunsikazi bebizo. (Suffixes ending with "-kazi" indicate "bigger size" or "feminine" of the noun).

More of your own examples, questions or comments can be sent, we'll respond to any. Thank you – Siyabonga.

Ubunye nobuningi emabizweni esZulu/ Singular and plural form in Zulu nouns

• Amabizo aqala ngo 'i' – Imvama yalamabizo uma esebunyeni avame ukuba nesiqalo esingu 'i', uma eseya ebuningini abe neziqalo ezingu 'izi-' noma 'ama-' sizokwenza izibonelo:

- (Nouns that have 'i'/"isi' prefixes- normally these nouns have 'i'/'isi' prefixes when they are in singular form, and when they are in plural form their prefixes become 'izi' or 'ama', we will make examples):
  ° Inja – Izinja (dog – dogs)
  ° Imfene – Izimfene (baboon - baboons)
  ° Imoto - Izimoto (car – cars)
  ° Indlu – Izindlu (house – houses)
  ° Isihlahla – Izihlahla (tree – trees)
  ° Isitsha – Izitsha (utensil - utensils)
  ° Itshe – Amatshe (stone – stones)
  ° Idwala – Amadwala (rock/boulder – rocks)
  ° Ithambo – Amathambo (bone – bones)
  ° Iphimbo – Amaphimbo (voice – voices)
  ° Iphiko – Amaphiko (wing – wings)

• Amabizo anobunye obuqala ngo 'u'/'umu'/'um', uma ke sesiwayisa ebuningini avame ukuba neziqalo ezingo 'aba', 'imi', 'izi', 'o' njll:

• (Nouns with singular prefixes 'u'/'umu'/'um', when changed to plural form, normally their prefixes change to 'aba', 'imi', 'izi', 'o' etc):
  ° Umuntu – Abantu (person - people)
  ° Umntwana – Abantwana (child – children)
  ° Umuthi – Imithi (tree – trees/ medicine medicines)
  ° Umgwaqo – Imigwaqo (road – roads)
  ° Uphaphe – Izimpaphe (feather - feathers)
  ° Ubaba – Obaba (father – fathers)

Kukhona namanye amabizo angenabo ubunye noma ubuningi, kuyenzeka ahlale esebuningini angabi nabo ubunye, noma abe sebunyeni angabi nabo ubuningi:
- (There are some nouns that have only plural form with no singular, and some have only singular with no plural):
- Amabizo anobuningi kuphela (nouns with only plural form):
  ◦ Amafutha – Oil
  ◦ Amakhaza – Cold front
  ◦ Amazolo – Dews
  ◦ Amanzi – Water
  ◦ Amakha – Aroma/Perfume
  ◦ Amathe – Saliva
- Amabizo anobunye kuphela (nouns with only singular form):
  ◦ Intuthu – Smoke
  ◦ Ubuso – Face
  ◦ Ukukhanya – Light
  ◦ Uthuli – Dust
  ◦ Umlilo – Fire (it's not proper Zulu to say 'imililo' though it sounds correct)
  ◦ Udaka – Mud
  ◦ Umhlabathi /Inhlabathi – Soil
  ◦ Imvula – Rain
  ◦ Isibhakabhaka – Sky
  ◦ Ubumnyama – Darkness
  ◦ Ulwandle – Ocean/Sea
  ◦ Iphunga – Odour
  ◦ Utshwala – Alcoholic beverage
  ◦ Uthando – Love
  ◦ Ukufa – Death
  ◦ Ubuhlungu – Pain
  ◦ Injabulo/Intokozo – Happiness/Joy
  ◦ Umona – Jealousy

- ° Umusa – Mercy
- ° Inzondo - Hatred
- ° Inhlonipho – Respect
- ° Ingcebo /Umcebo – Wealth
- ° Imfuyo – Livestock
- ° Intshebe – Beard

With this lesson we are not trying to translate English into isiZulu or vice versa, but we are trying to help our Zulu learners to have more understanding of Nouns).

Nouns/Amabizo: refer to persons, animals, places, things, ideas, or events, etc. Nouns encompass most of the words of a language. (Ibizo igama lento ebonakalayo nento engabonakali/ Name of visible & invisible things)

Noun can be a/an - // Ibizo kungaba –

Person/Umuntu – a name for a person: - Max, Julie, Catherine, Michel, Bob, etc.

Animal/Isilwane – a name for an animal: - dog, cat, cow, kangaroo, etc.

Place/Indawo – a name for a place: - London, Australia, Canada, Mumbai, etc.

Thing/Into – a name for a thing: - bat/ilulwane, ball/ibhola, chair/isihlalo, door/isicabha, house/indlu, computer/ikhompyutha, etc/njll.

Idea/Umuzwa/Umqondo – A name for an idea: - devotion/ukuzinikela, superstition/inkoleloze, happiness/injabulo, excitement/Intakaso, etc.

1. Different Types of Nouns/Izinhlobo zamaBizo:
    1. Proper Nouns/Amabizongqo (Name of people and prominent places/ Abantu neziNdawo)
    2.
    3. Common Nouns/Amabizo ajwayelekile/ Amabizomvama (commonly used name for

things)
4.
1. Abstract Nouns/Amabizo ezinto ezingabonakali (feelings, emotions etc/ imizwa, umoya njll)
2. Concrete Noun/Amabizo ezintoezibambekayo
3.
4. Countable Noun/Amabizo ezinto esikwaziyo ukuzibala
5.
1. Non-countable Noun/Amabizo ezinto esingeke sakwazi ukuzibala
2.
3. Collective Noun/Amabizoqoqa
4.
5. Compound Noun/Amabizombaxa
6.
1. Proper Noun/ Amabizongqo:
2.

1.1 Proper Nouns/ Amabizongqo:

Is a name which refers only to a single person, place, or thing and there is no common name for it.

In written English/Zulu, a proper noun always begins with capital letters.

(Lawa ngamabizo asebenza kuphela kumuntu oyedwa, indawo, noma into alikho ibizomvama elisetshenziswa esikhundleni sebizongqo. Lamabizo avame ukubhalwa ngosonhlamvukazi)

Examples/Izibonelo:

- Durban/eThekwini (it refers to only one particular city/ Lelidoloba kuphela),

- Njabulo (refers to a particular person/Ilomuntu kuphela),

- Afrika (there is no other country named Afrika; this name is fixed for only one country/Igama lalelizwe kuphela, ayikho enye iAfrika).

1.2 Common Nouns /Amabizomvama

Is a name for something which is common for many things, person, or places. It encompasses a particular type of things, person, or places.

Example:

Country (it can refer to any country, nothing in particular), city (it can refer to any city like Melbourne, Mumbai, Toronto, etc. But nothing in particular).

So, a common noun/Ibizomvana: is a word that indicates a person, place, thing, etc. In general and a proper noun/ ibizongqo: is a specific one of those.

1.3 Abstract Nouns/Amabizo ezinto ezingabonakali

An abstract noun is a word for something that cannot be seen but is there. It has no physical existence. Generally, it refers to ideas, qualities, and conditions.

Example:

Truth/Iqiniso, lies/amanga, happiness/injabulo, sorrow/usizi, time/isikhathi, friendship/ubungani, humor/ihlaya, etc.

1.4 Concrete Nouns/ Amabizo ezinto ezibambekayo

A concrete noun is the exact opposite of abstract noun. It refers to the things we see and have physical existence.

Example:

Chair/Isihlalo, table/itafula, bat/ilulwane, ball/ibhola, water/amanzi, money/imali, sugar, etc.

1.5 Countable Nouns/Amabizo ezinto esikwazi ukuzibala

The nouns that can be counted are called countable nouns/ Lamabizo ke siyakwazi ukuwabala:

Example:
Chair/isihlalo, table/itafula, bat/ilulwane, ball/ibhola, etc. (you can say 1 chair/isihlalo, 2 chairs/izihlalo, 3 chairs/izihlalo – so chairs are countable/ngakho ke izihlalo zingabalwa)

1. **Non countable Nouns/ Amabizo ezinto ezingabaleki**
2. **The nouns that cannot be counted are called non-countable nouns/ Amabizo ezinto esingeke sakwazi ukuzibala.**

Example:
Water/Amanzi, sugar/ushukela, oil/amafutha, salt/usawoti, etc. (you cannot say/ngeke wakwazi ukuthi: "1 water/amanzi awodwa", 2 water/amanzi amabili", 3 water/amanzi amathathu" because water is not countable/ngoba amanzi awabaleki)

Abstract nouns and proper nouns are always non-countable nouns, but common nouns and concrete nouns can be both count and non-count nouns/Amabizo angabonakali namabizongqo ahlala njalo engamabizo angabaleki, kodwa ke Amabizomvama namabizo ezinto ezibonakalayo ayakwazi ukungena kuzo zombili izinhlobo, abaleke noma angabaleki.

1.7 Collective Nouns/Amabizoqoqa:

A collective noun is a word for a group of things, people, or animals,/Amabizoqoqa amabizo ABA yibizo elimele inqwaba yezinto ezindawonye, iqembu thizeni labantu noma umhlambi wezilwane njll/ etc.

Example/Isibonelo:
Family/umndeni, team/iqembu, cattle/izinkomo, etc/njll.

Collective nouns can be both plural and singular/Amabizoqoqa angaba ubunye noma ubuningi.

Amabizo – Izinhlobonhlobo zezibonelo zamabizo/ Nouns – different examples of Nouns

Ubunye /Singular Ubuningi/Plural

Ikhanda – Head Amakhanda – Heads
Indlebe – ear. Izindlebe – Ears
Iso – Eye. Amehlo – Eyes
Ikhala – Nose. Amakhala – Noses
Umlomo – Mouth. Imilomo – Mouths
Izinyo – Tooth. Amazinyo – Teeth
Ulimi – Tongue. Izilimi – Tongues
Udebe – Lip. Izindebe – Lips
Ubuso – Face (No plural)
Isilevu – Chin. Izilevu – Chins
Isihlathi – Cheek. Izihlathi – Cheeks
Ishiya – eyelash. Amashiya -Eyelashes
Ukhophe – eyebrow. Izinkophe – Eyebrows
Unwele – Hair. Izinwele – Hairs
Intshebe – Beard. (No plural)
Intamo – Neck. Izintamo – Necks
Umqala – Throat. Imiqala – Throats
Ihlombe – Shoulder. Amahlombe – Shoulders
Ingalo – Arm. Izingalo – Arms
Indololwane – Elbow. Izindololwane – Elbows
Isihlakala – Wrist. Izihlakala – Wrists
Isandla – Hand. Izandla – Hands
Umunwe – Finger. Iminwe – Fingers
Uzipho – Nail. Izinzipho – Nails

Ibele – Breast/Boob. Amabele – Beasts
Isisu – Tummy/ Stomach. Izisu – Tummies
Ukhalo – Waist. Izinkalo – Waists
Inqulu – Hip. Izinqulu – Hips
Ithanga – Thigh. Amathanga – Thighs
Isinqe – Bum. Izinqe – Bums
Idolo – Knee. Amadolo – Knees
Uzwane – Toe. Izinzwane – Toes
Unyawo – Foot. Izinyawo – Feet
Isithende – Heel. Izithende – Heels

Imizwa – Feelings / Emotions

Uthando – Love
    Inkanuko – Lust
    Inzondo – Hatred
    Igqubu – Grudge
    Impindiselo/ Iso ngeso – Revenge
    Umona/ Isikhwele – Jealous/Jealousy
    Ukuphapha – Too foward
    Ukuthobeka – Humility
    Inhlonipho – Respect
    Ihlongandlebe – Stubborn person
    Ukudabuka – Sadness
    Umzwangedwa/ Isithukuthezi/Isizungu – Loneliness
    Ubulima/ Ubuphukuphuku – Foolish
    Isilima/Isiphukuphuku – Idiot/ Fool
    Ubuhlakani – Wisdom
    Ubuqili – Cunning
    Isidina/Isicefe – Irritation/Annoying

Umuntu – Person

Baby/Kid – Umntwana/Ingane
◈ Boy - Umfana
Son – Indodana
Nephew - Umshana
Brother – Umfowethu
Your Brother – Umfowenu
◈Girl – Intombazane
Daughter - Indodakazi
Niece Umshana
Sister – Udadewethu
Your sister – Udadewenu
◈Man – Indoda
Father – Ubaba
Husband - Umyeni
Sir – Umnumzane
Honourable – Mhlonishwa
Father in law - Umukhwe
Boyfriend – Isoka
Groom – Umkhwenyana
Uncle – Umalume
◈ Woman – Inkosikazi
Mother – Umama
Wife (mine) – Umfazi
Your wife – Umkakho
Fiancee - Ingoduso
Bride – Umakoti
Princess – Inkosazane
Mother in law - Umkhwekazi

- Grandpa – Umkhulu
    - Grandmother – Ugogo

Imali – Money

Thenga – Buy
   Thengisa/Dayisa – Sell
   Hweba – Trade (Verb/Isenzo)
   Tshala imali – Invest
   Intela – Tax
   Shushumbisa imali – Launder money (Money Laundering)
   Gwaza/ Diza – Bribe
   Intshontsho – Bribery
   Umhlomulo – Salary/Reward
   Khokha – Pay (Verb)
   Isibonelelo – Grant

Izinsuku ZeSonto/Week Days

UMsobuluko – Monday
    ULwesibili – Tuesday
    ULwesithathu – Wednesday
    ULwesine – Thursday
    ULwesihlanu – Friday
    UMgqibelo – Saturday
    ISonto – Sunday

Izinyanga Zonyaka:

UMasingana – January
UNhlolanja – February
UNdasa – March
UMbasa – April
UNhlaba – May
UNhlangulana – June
UNtulikazi – June
UNcwaba – August
UMandulo – September
UMfumfu – October
ULwezi – November
UZibandlela – December

Izilwane/ Animals:

Inja – Dog
- Umdlwane – Puppy
- Ikati – Cat
- Umthinyane – Kitten
- Inkukhu – Chicken(fully grown)
- Ichwane – Chicken(young one)
- Isikhukazi – Hen(female chicken)
- Ichwane – Chicken(young one)
- Isikhukazi – Hen(female chicken)
- Iqhude – Cock(male chicken)
- Izinkomo – Cattle
- Inkomazi – Cow
- Inkunzi – Bull
- Iduna – Young bull
- Isithole – Heifer
- Inkonyane – Calf
- Imvu – Sheep
- Inqama – Ram
- Insikazi – Ewe
- Imbuzi – Goat
- Inyoni – bird

Izenzo/Verbs

Ezivela kuzo zonke izitho zomzimba (Abantu Nazilwanyana)/ Verbs from using all body parts in humans and animals:

(Ikhanda/Head) –

Thwala – Carry
Qonda – Understand
Cabanga – Think
Khohlwa – Forget
Khumbula – Remember

(Izinwele/Hair) Gunda – Cut

Yeluka – Braid
    Shuqula – Wrap
    Phuca – Shave
    Geza – Wash
    Khulisa – Grow

(Ubuso/Face) Hlamba – Wash

Gcoba – Put lotion

(Amehlo/Eyes) Buka – Look

Bona – See
    Cimeza – Close
    Cwayiza – Twinkle
    Cima iso – Wink

(Izindlebe/human ears)/(Amadlebe/ Animal ears)

Lalela – Listen
   Izwa – Hear

(Ikhala/Nose)

Hogela/Nuka – Inhale/Smell
    Kopolota – Pick
    Finya – Blow

(Umlomo/Mouth)(Izindebe/Lips)(Ulimi/Tongue)(Amazinyo/Teeth)

Khuluma – Speak/Talk
    Xoxa – Converse
    Memeza – Shout
    Cula/Hlabelela – Sing
    Idla - Eat
    Khotha – Lick
    Munca/Munyunga/Nambitha – Suck/Taste
    Phephetha – Blow
    Qabula – Kiss
    Luma – Bite
    Hlafuna – Chew
    Xubha – Brush teeth
    Vungula – Pick teeth

(Amahlombe/Shoulders)

Tshatha – Carry

(Izandla/Hands)

Thatha – Take
    Buyisela/Hambisa – Put back
    Letha – Bring here
    Faka – Put inside
    Khipha – Take it out
    Donsa – Pull
    Dudula – Push
    Khangeza – Open hands
    Shutheka – Push inside

(Izandla/Hands)(Iminwe/Fingers)(Izinzipho zomuntu/Nails human) (Amazipho isilwane/Claws animal)

Bamba – Catch/Hold
   Gxavula – Grab
   Hlwitha – Snatch
   Cindezela/Toboza – Press
   Thinta – Touch
   Klwebha – Scratch
   Pitshiza – Squeeze
   Phanda – Dig
   Hluba – Peel
   Phenya – Remove cover
   Mboza – Cover
   Mbula – Uncover
   Ndlala – Make Bed to sleep
   Ndlula – Make Bed after sleeping
   Bhala – Write
   Ngqongqoza – Knock
   Khomba – Point(finger)
   Ncinza – Pinch
   Sebenza – Work
   Mema – Invite

(Umhlane/Back)(Izinqulu/Hips)(Ukhalo/Waist)(Izinqe/Buttocks/Butts/Bums)(Isisu/Tummy)(Umphimbo/Throat)

Beletha – Carry a child on the back
   Hlala – Sit
   Ncika – Lean (against)
   Gwinya/Mimilita – Swallow
   Khwehlela – Cough
   Lala – Sleep

(Amabele/Breasts)

Ncela – Suck
    Ncelisa – Suckling/Breastfeeding

(Um'pipi – Penis)

Chama – Urinate/Pee

(Imilenze/Izitho – Legs)(Izinyawo – Feet)

Gxuma – Jump
- Gijima – Run
- Baleka – Flee
- Phunyuka/la /Eqa – Escape
- Vakasha – Visit
- Nyonyoba – Creep/Sneak
- Xosha – Chase
- Khahlela – Kick
- Gxoba – Stamp/Stomp

We will note that all verbs and nouns will take certain prefixes and suffixes when used in sentences, depending on the manner in which they are used; either in singular or plural form. We also note that Nouns and Verbs have a part that does not change whether in plural or singular form, which is a stem of a word. We will make examples in later lessons.

Izenzo ezivela emvelweni nasezintweni ezingaphili/ Verbs from nature & non-living things.

Liyana (Izulu)- It's Raining (Rain)
Netha (Imvula)- Getting wet by the rain (Rain)
Liyaduma (Izulu) – Rumbling (Thunder)
Liyabanika – Lightning
Uyavunguza (Umoya) – Blowing (Wind)
Qhakaza (Imbali) – Blooming (Flower)
Thela (Izithelo)(Isihlahla) – Bare (Fruits)(Tree)
Buna – Wither
Geleza – Flow
Gubha (Amagagasi) – Boiling (Waves)
Vutha (um'lilo) – Burning (fire)
Ncibilika (Iqhwa) – Melt (Ice)
Shunqa (um'lilo)(Umhwamuko – Give out smoke (fire)(Hot vapour/gas)
Duma – Engine sound/ Thunder sound
Ndiza (Inyoni/Ibhanoyi) – Fly (Bird/Aeroplane)
Klaba – Graze (Grass eating animals)
Qula – Resting by lying down (Grass eating animals only especially cattle)
Hlwabula/ya – Chewing a cud by herbivores
Khwela – Bull mating

Izibonelo ngokusetshenziswa koLimi (Examples on Language usage):
Hamba (Walk / go)

- Ngiyahamba – I am going/ walking

 "Ngi" (singular subject) + "-ya" (prefix showing continuous action)

  - Ngizohamba – I will go

 "Ngi" (singular subject) + "-zo" (prefix showing future, action to happen in the future)

  - Ngahamba/ngaya – I went /I gone

 " Ng" (singular subject) + -"a" Indicating past tense, long gone action)

  - Ngohamba – I will go

 "Ng" (singular subject) + -"o" Indicating action to happen in the future, near or further)

  •• Please Note: Same examples above will apply to different "Subjects " ie:

 -"Si" We

 - "Ba" They

 - "U" He/She

  •• And when it comes to "Negative " statements :

- Angihambi / Ngeke ngihambe – I'm not going

 "A" – negative prefix or "Ngeke" also a negative prefix + "ngi"- Indicating singular subject+ -"hamb"- verb stem, doesn't change + "i" negative suffix ,

 - Note that if you have use "ngeke" as your negative prefix, then your negative suffix in the verb sterm will be – "e"

•• Same will also apply to different prefixes as in the former examples above.

Amabinzana anezenzo ezimbili (isenzo+ isenzo/ insizasenzo) – Phrases with double verbs (verb + verb/adverb):

* Idla uqede – Finish eating
* Hamba usheshe – Walk fast
* Khuluma kakhulu – Speak out/speak louder
* Shesha ufike – Arrive fast
* Fika ngokushesha – Arrive quickly
* Khuluma ucabange – Think and speak
* Hamba uqonde – Walk/go straight
* Lala uphumula – Sleep and rest
* Lala ngokuthula – Rest in peace
* Vuka ukhanye – Rise and shine
* Khuluma kucace – Speak clearly
* Zama uhluleke, kodwa ungahluleki ukuzama - Try and fail, but don't fail to try
* Vuka usebenze – Wake up and work

Iziphawulo/ Adjectives:

Sicela uqapheke ke ukuthi njengoba lesisifundo kungesona esiqonde ukujulisisa ekufundiseni isiZulu njengoLimi lwebele, sizothi nje 'janti' eziphawulweni sedlule/ Please note that since this is not an extensive and First Language Zulu study, we will just highlight adjectives in passing:
Njengoba wazi ke ukuthi iziphawulo/As you are aware that Adjectives are:
- Words that describe Nouns, they give us more information about nouns, I recommend that you make your more examples in real situation communications.
- Some examples of Adjectives fall under
*Colours/Imibala
*Shapes/Umumo/ Isimo
*Size/Ubungako
* Kinds/Nhloboni/Njani?
Izibonelo/Examples:

- Imibala/Colours:

Ingubo emhlophe/White dress
Please note adjectives, "White" is giving us more information about the noun "dress".
We can make number of similar examples:
* Umfana omncane/Small boy(size)
* Abantu abayishumi/Ten people (number/isibalo)
* Umuntu omude/Tall person (size/ubungako)
* Indlu ehlanzekile/Clean house (Kind/injani)
* Izimpahla ezinemibala/Colorful clothes
* Umakhelwane onomsindo/Noisy Neighbour
* Intombi enhle/ Beautiful girl

* Umfundisi osabekayo/ Scarry teacher
* Umngane onakekelayo/Caring friend
* Indoda enonile/ekhuluphele/Fat man
* umuntu okhuthele/ Hardworking person

You can make more of your examples based on nouns we learnt in previous lessons.

Izinsizasenzo/Adverbs:

* Please take note that again as this is not an extensive Language study, we will touch adverbs in passing,
   * Adverbs are words that modifies - Verbs, adjectives or another adverb.
   * Adverbs usually answer one of these questions:
   - When?/Nini?
   - Where?/ Kuphi?
   - How?/ Kanjani?
   - To what degree?/Kangakanani?
   - How often?/ Kangaki?
   Izibonelo/Examples:
   * Imoto yema ngokushesha/ A car stopped immediately
   - The adverb "immediately"/" ngokushesha " tells us "when"/" nini" a car stopped.
   * Indoda idlule lapha/ A man passed here.
   - "Here"/" Lapha" tells us "where"/" kuphi" a man passed.
   * Umfundisi ukhuluma kakhulu/ The teacher talks loudly
   - adverb"loudly"/"kakhulu" tells us how the teacher speaks.
   *** Please make more of your own examples based on the verbs we learned about in previous lessons.

Inqolobane yakho/Reference library:
Ukwakheka, ukunambitheka nezimo (Surfaces, taste and conditions):

- Kuyahaya/Kumahhadlahhadla – It's rough/ It's coarse
- Kubushelelezi – It's smooth
- Kuthambile – It's soft
- Kulukhuni/ Kuqinile – It's hard/It's difficult
- Kumazombezombe/ Uyagwinciza – Winding (road)
- Kuyashelela – It's slippery
- Kumanzi – It's wet
- Komile – It's dry
- Kuyababa – It's bitter/it's hot(chillies)
- Kumuncu – It's sour
- Kumnandi – It's nice/it's sweet
- Kumakhaza/Kuyabanda – It's Cold
- Kuyashisa – It's hot
- Kunomoya – It's windy
- Libalele – It's sunny
- Liyana – It's raining
- Kubanzi – It's wide
- Kungumngcingo – It's narrow
- Kujulile – It's deep
- Kuyisicethe/kuyisichibi – It's shallow
- Kuqondile – It's straight
- Kugwegwile – It's crooked/not straight
- Kutshekile – It's leaning/ it's slanted
- Kushwabene – It's crumbled/ not ironed
- Kungcolile – It's dirty
- Kubuhlungu – It's painful
- Kuyesabeka – It's scary

- Kuyenyanyisa/Kuyenyanyeka – It's disgusting/It's abhorrent
- Uyagula – He/she is sick
- Uyaphila – He/she is well/Fine
- Muhle – She is beautiful
- Umnyama – She is Black
- Umhlophe – She is white
- Kubomvu – It's red
- Unqunu – He/she is naked
- Kubukhali – It's sharp (knife etc)
- Kuyingozi/Kunobungozi – It's dangerous

You can add more of your own examples...

Imizwa – Feelings/Emotions

Uthando – Love
- Inkanuko – Lust
- Inzondo – Hatred
- Igqubu – Grudge
- Impindiselo/ Iso ngeso – Revenge
- Umona/ Isikhwele – Jealous/Jealousy
- Ukuphapha – Too foward
- Ukuthobeka – Humility
- Inhlonipho – Respect
- Ihlongandlebe – Stubborn person
- Ukudabuka – Sadness
- Umzwangedwa/ Isithukuthezi/Isizungu – Loneliness
- Ubulima/ Ubuphukuphuku – Foolish
- Isilima/Isiphukuphuku – Idiot/ Fool
- Ubuhlakani – Wisdom
- Ubuqili – Cunning
- Isidina/Isicefe – Irritation/Annoying
- ° Nginelukuluku - I'm curious
- ° Ngiyesaba – I'm afraid
- ° Ngithukuthele – I'm angry
- ° Ngicasukile – I'm annoyed
- ° Ngethukile – I'm appalled
- ° Ngimangele – I'm astonished
- ° Ngiyamangala – I'm in awe
- ° Nginesithukuthezi – I'm bored
- ° Ngididekile – I'm confused
- ° Nganelisekile – I'm contented
- ° Ngijabule – I'm delighted
- ° Nginengcindezi – I'm depressed
- ° Ngizimisele – I'm determined

- Ngidumele – I'm disappointed
- Nginyanyile – I'm disgusted
- Ngikhathele – I'm exhausted
- Ngiyabonga – I'm grateful
- Nginethemba – I'm hopeful
- Onesizotha – Modest
- Ulaka – Outrage

Zihlole – Test yourself:

(From time to time you will find Zulu activities to help you test yourself and your level of understanding, hope you'll like them, please send suggestions to improve this section)
- Interprete the following words :
- Umlobokazi
- Umalokazana
- Uthando
- Umthwalo
- Ithemba
- Difficulty
- Hole
- Wholly
- Democracy
- Service

Ukukhomba/Izikhathi /Pointing /Times

- Empumalanga – East
  - Eningizimu – South
  - Entshonalanga – West
  - Enyakatho – North
  - Phansi – Down/ Bottom/low
  - Ngaphansi – Under
  - Phezulu – Up/Top
  - Ngaphezulu – Above
  - Phakathi nendawo – In between/ between/middle
  - Ngaleyana/Ngale – Beyond
  - Emumva – Back
  - Ngemumva - Behind
  - Ehlobo – in Summer
  - Ebusika – in Winter
  - Ekwindla – in Autumn
  - Entwasahlobo – in Spring
  - Endulo – Long ago/Prehistoric time
  - Namhlanje – Today
  - Izolo – Yesterday
  - Kusasa – Tomorrow
  - Kuthangi – The day before yesterday
  - Ekuseni – In the morning
  - Ebusuku – At night
  - Ntambama – In the afternoon
  - Kusempondozankomo – At dawn
  - Kwesabathakathi/ Kwesikabhadakazi/Phakathi kwamabili – Midnight
    - Umsombuluko – Monday

- Ulwesibili – Tuesday
- Ulwesithathu – Wednesday
- Ulwesine – Thursday
- Ulwesihlanu – Friday
- Umgqibelo – Saturday
- Isonto – Sunday
- Nonyaka – This year
- Ngonyaka ozayo – Next year
- Ngonyaka odlule – Last year
- Nyakenye – The previous year
- Kulenyanga – This month
- Ngenyanga ezayo – Next month
- Ngenyanga edlule - Last month
- Kulelisonto – This week
- Ngesonto elizayo – Next week
- Ngesonto eledlule – Last week

Ake sikhombe – Let's point :

* Lapha - Here
  * Lapho /Laphaya – There
  * Yonke indawo – Everywhere
  * Noma kuphi – Anywhere
  * Ndawothize – Somewhere
  * Othile/othize – Somebody
  * Okuthile/ Okuthize – Something
  * Kwesinye isikhathi Sometimes
  * Zikhathizonke – Everytime
  * Ndawo – Nowhere
  * Kuphi – Where
  * Yini – What
  * Nini - When
  * Kungani – Why
  * Ubani – Who
  * Kanjani – How
  * Kuphi nendawo - Whereabout
  * Iyona yiphi/ilona liphi – Which (one)
  * -ngaki - How many

Umkhombandlela – Direction

- Phezulu – Up
  - Kwesokudla – Right hand side
  - Kwesokunxele/kwesobunxele – Left hand side
  - Phambili / Ngaphambili – Front / in front
  - Phansi – Down
  - Emumva/Ngemumva – Back /behind
  - Eceleni – On the side
  - Emaceleni – On the sides
  - Ekhosombeni – In the corner
  - Jikeleza – Go around
  - Buyela emumva – Go back
  - Hamba uqonde – Go straight
  - Guquka/Guqukela – Turn
  - Macala onke – Both sides
  - Ngaphandle – Outside
  - Ngaphakathi – Inside
  - Nqamula/Yeqa – Cross
  - Akungenwa – Akungenwa

Izisho nezaga zesiZulu:

- Akudlulwa ngedlu yakhiwa – Don't pass without leaving your own contribution
- Phonsa itshe esivivaneni – Throw in your own contribution
- Umuntu ungumuntu ngabantu – A person becomes a good person because of others
- Amasongo akhala emabili - Two heads are better than one
- Izandla ziyagezana – Help me I'll help you and we'll help each other.

Time – Isikhathi:

- Today – Namhlanje
  - Tomorrow – Kusasa
  - Yesterday - Izolo
  - Now – Manje
  - The day before yesterday - Kuthangi
  - Last week – Ngesonto eladlule
  - Next week – Ngesonto elizayo
  - This year – Nonyaka/Kulonyaka
  - Last year – Ngonyaka odlule
  - Next year - Ngonyaka ozayo
  - The previous year - Nyakenye

Isimo Sezulu – Weather forecast

- Amazinga Okushisa nokubanda – Temperature
  - Kufudumele – It's warm
  - Libalele – It's sunny
  - Liyana – It's raining
  - Linomoya – It's windy
  - Liyakhithika – It's snowing
  - Kumanzi – It's wet
  - Komile – It's dry
  - Kunenkungu – It's foggy
  - Kunesivunguvungu – There is a storm
  - Linamafu – It's cloudy
  - Kuyabanda – It's cold
  - Kupholile – It's cool
  - Liyabaneka – It's lightning
  - Izikhukhula – Flood
  - Kunesiphepho – Tornado
  - Intwasahlobo – Spring
  - Ihlobo – Summer
  - Ikwindla – Autumn
  - Ubusika – Winter

#Imibala #Colours

- Omhlophe – White
  - Omnyama - Black
  - Onsundu – Brown
  - Oluhlaza satshani/okotshani – Green
  - Oluhlaza sasibhakabhaka/okwesibhakabhaka – Sky blue
  - Obukhwebezana – Purple
  - Obomvu – Red
  - Ompemvu/Ompunga – Grey
  - Ogqamile – Bright
  - Ocacile – Clear
  - Oyisikhuphe – Yellow
  - Ozothile – Dark
  - Ongcolile – Dirty
  - Ohlanzekile – Clean
  - Osagolide – Gold
  - Ocwebezelayo – Shining
  - Osasiliva – Silver
  - Osansimbi – Metallic
  - Ephumayo – Running colours
  - Ephuphile – Faded
  - (Ungengeza nawe eyakho You can add yours)

NgabeAchazani?/ Lamagama What Do These Words Mean?

- Igovu
  - Ugombelakwesakhe
  - Udlayedwa
  - Usigwinyakonke

Avame ukusetshenziswa kuziphi izimo? (Under which circumstances are they used?)

Phonsa nawe owakho um'bono – Your contribution will be appreciated

Ake Sihumushe Lets Translate

- Translate this Zulu phrase into English, this will show your level of understanding.

(Please don't cheat ☺☺)

- Umfana omude ugqoke isigqoko esikhulu esimhlophe ukuzivikela elangeni elishisayo lasehlobo eAfrika.

- Kubalulekile ukuphuza amanzi anele ukuze ugcine umzimba wakho usebenza kahle.

Izaga nezisho zesiZulu/Zulu Proverbs and sayings:

- Bahlangene phansi, phezulu bangamahele – People who pretend to be on a good relationship when they see each other but they gossip and backbite each other behind each other's backs
- Akwaziwa mbhantshi kujiya – We don't know what is going to happen
- Intaka ibekelwe amazolo – Fully prepared for the journey ahead
- Amathe abuyela kwasifuba – being tongue tied after proven wrong
- Itshe limi ngothi (Nkombose kababa) – Something is suspicious
- Umthwalo usobhokweni – Being ready to travel/go
- Umanxiwa angamili mbuya – A person who don't settle in one place for long time
- Isandla sidlula ikhanda – Thank you
- Ingane engakhali ifela embelekweni – One who doesn't ask for help will be overcome by his own challenges/ will fail
- Amakhonco akhala emabili/ Ubucwibi obuhle obuhamba ngabubili – Two heads are better than one
- Inxeba lendoda alihlekwa – Don't celebrate someone else's misfortune
- Lala ngenxeba – Sorry
- Akwehlanga lungehli – Condolences
- Inyoni ishayelwa abakhulu – When you are successful remember those who put you there/Don't forget your seniors when you have succeeded in life
- Ungibheca ngobubende inyama ngingayidlanga – Implicating me in something I never did
- Ayinuki ingosiwe – Rumours are always coming from a certain truth

- Elempabanga libonwa mumva – Poor/unprominent people's ideas/views considered at a last resort
- Ushanela kude njengesundu – You are good at seeing other people's mistakes but can't see and fix your own
- Ithi ingahamba idle udaka - Beggars can't be choosers
- Uyohamba ubuye njengengubo kaZinyongo – When you leave people who helped you without a reason, when things are bad for you, you will remember them and be forced to go back to them
- Umvundla ziwunqanda phambili – Don't ever think that you don't need other people in your life, when you encounter problems, you will come back to them

Izisho ZesiZulu – Zulu Sayings

- Ukuphela emehlweni – Ukunyamalala (it's to disappear)
- Ukuduma ngegqagqa – Ukwaziwa kabi (Bad reputation)
- Ukubambisa udonga – Ukuthembisa into engekho (To make an empty promise)
- Ukuwotha ubomvu – Ukuvuka ngolaka(to be very angry/furious)
- Ukuvala ngehlahla – Ukubhubhisa yonke into (Is to destroy everything)
- Ukuvuka inja ebomvu – Ukuvuka ngolaka (Hot anger/Rage/Fury)
- Ukuqotha imbokodwe nesisekelo – Ukubhubhisa yonke into (To destroy everything)
- Ukugeqa amagula – Ukukhuluma zonke izindaba ukhiphe zonke izimfihlo (To tell everything/to reveal everything)
- Ukubika imbiba ubike ibuzi – Ukubeka izaba (To make lots of excuses)
- Ukuthela amanzi emhlane wedada – Ukukhuluma noma ukuzama ukukhuza umuntu ongezwa nonenkani (To try to talk to a person who is stubborn)
- Ukuphambana nemvula – Ukufa (To die)
- Ukuyothenga ilala – ukufa ngokwemuka namanzi (To die by being swept away by strong water currents)
- Ukushaya inja ngekhanda – Ukuba mpofu khakhulu ungabi nalutho/Ukweswela okukhulu (To be very poor and have nothing)
- Ukubamba ithambo – Ukuxhawula (To shake hands)
- Ukudla amathambo ekhanda – Ukucabanga ujule (To be in deep thought)
- Ukukhipha unyawo – Ukuveza ikhono noma ubuciko obuthile (To go overboard to show a certain skill/talent)

Amagama/words

♥ Heart – Inhliziyo
- ◇♂ Cut your hair - Gunda
- ◇◇◇ Medication – Imishanguzo
- ◇ Broom – Umshanelo
- ◇ Bathe - Geza/ Hlamba
- ◇ Sleep – Lala
- ◇♀ Run – Gijima
- ◇♀ Walk – Hamba
- ◇♂ Play – Dlala
- ◇ Shout – Memeza
- ◇ Speak – Khuluma
- ◇◇◇ Family – Umndeni
- ◇ Elbow - Indololwane
- ◇ Fingers – Iminwe
- ◇ Hand – Isandla
- ◇ Fist – Isibhakela
- ◇ Thumb – Isithupha
- ✍ Write – Bhala
- ◇ Bone – Ithambo
- ◇ Water – Amanzi
- ◇ Spark – Inhlansi
- ◇ Bag – Isikhwama

Ezomnotho – Economics

Uhwebo – Trade
   Ezezimali – Financial/ly
   Imali/Inkece – Money/Currency
   Amanani – Prices
   Intela – Tax
   Isaphulelo – Discount
   Umthengi – Customer/Client/Consumer
   Umkhiqizo – Product
   Inkonzo – Service
   Inqolobane (yezimali) – Bank
   Inzuzo – Profit
   Inzalo – Interest
   Isikweletu – Debt
   Imali-mboleko – Loan
   Qasha – Rent
   Qashisa – Let
   Boleka – Borrow
   Bolekisa – Lend
   Thengisa – Sell
   Thenga – Buy
   Khokha – Pay
   Umhlomulo/Inkokhelo/Umholo – Wages/Salary
   Uxhaso/Isibonelelo – Subsidy/Grant
   Tshala(Imali) – Invest
   Yonga (Imali) – Save(money)
   Um'bolekisi ngezimali(ongagunyaziwe ngumthetho)/Umashonisa – Loan shark
   Isigwili/Isicebi – Wealthy/Rich person
   Isichaka – Poor person
   Ubumpofu – Poverty

Umbutho wabasebenzi – Labour Union
Izihlawulo – Tariffs
Unswinyo – Embargo
Izimbiwa/Umnotho ombiwa phansi – Mined resources

Umhlaba wethu – Our world/Planet:

* Ndiza ngebhanoyi – Fly (Aeroplane)
    * Gibela ibhasi – Ride a bus
    * Biza itekisi – Call a cab
    * Ithikithi lebhasi/lebhanoyi – Bus/aeroplane ticket
    * Vakasha – Touring
    * Izivakashi – Tourists
    * Thamela ilanga – Sunbathing
    * Siyadoba ngesikebhe – We are fishing with a boat
    * Ntanta olwandle ngomkhumbi – Ocean cruising with a ship
    * Sihamba amazwe ngamazwe – We travel internationally
    * Siyabhukuda – We are swimming
    * Siyobuka imvelo esiqiwini – We are watching nature in a nature reserve

Here – Lapha

I am here - Ngilapha
   * I was here – Ngangilapha
   * I have been here – Bengilapha
   * I will be here – Ngizoba lapha
   * I'm not here – Angikho lapha
   * I was not here - Ngangingekho lapha
   * I haven't been here – Bengingekho lapha
   * I won't be here - Ngeke ngibe khona lapha
   * Come here – Woza lapha
   * He is here – Ulapha
   * She is here – Ulapha
   * They are here – Balapha
   * You are here – Ulapha (one)
   * You are here – Nilapha (More than one)

Hamba kahle (1)/Nihambe kahle (more than one) – Go well /goodbye

* Ulale kahle (1)/Nilale kahle (more than 1) – Goodnight
  * Sawubona(1)/Sanibonani (More than 1) – Hello
  * Ube nosuku oluhle – Have a nice day
  * Ngiyabonga – Thank you
  * Ngiyaxolisa – I apologize
  * Ngiyadabuka – I'm sorry
  * Akwehlanga lungehli – Condolences
  * Ngiyakukhumbula/Ngilahlekelwe nguwe – I miss you
  * Uphinde ubuye futhi – Come back again
  * Ube nempelasonto emnandi/enhle – Have a nice/good weekend
  * Ushayele ngokuphepha – Drive safely
  * Ungaphuzi bese uyashayela – Don't drink and drive
  * Ngiyabonga – Thank you
  * Sikufisela usuku oluhle lokuzalwa, ukhule ukhokhobe – We wish you a happy birthday, may you grow old
  * Uncibijane onenjabulo – Happy Christmas
  * Siyakubongela – Congratulations
  * Ngyakuncenga – I'm begging you
  * Ngiyakunxusa/ngiyakucela – I'm asking/requesting you
  * Ngikufisela inhlanhla – Good luck
  * Sinda/phola ngikushesha – Speedy recovery
  * Yobe/Ayidle izishiyele – I apologize

Wenzani? – What are you doing?

- Ngilele – I'm sleeping
- Ngiyaphupha – I'm dreaming
- Ngiyavuka – I'm waking up
- Ngiyadla – I'm eating
- Ngiyakhuluma – I'm talking/speaking
- Ngiyabuza – I'm asking
- Ngiyakuzwa/ ngiyezwa – I hear you/ I understand
- Ngiyahleka – I'm laughing
- Ngiyakhala – I'm crying
- Ngiyahamba – I'm walking/I'm going
- Ngiyashiya – I'm leaving
- Ngiyayeka – I'm giving up
- Ngiyama – I'm stopping
- Ngiyahluleka – I'm failing
- Ngiyadayisa – I'm selling
- Ngyathenga – I'm shopping/I'm buying
- Ngiyashayela – I'm driving
- Ngiyakubiza – I'm calling you
- Ngiyakumema – I'm inviting you
- Ngiyakuthuma – I'm sending you
- Ngiyakuxwayisa – I'm warning you
- Ngiyakutshela – I'm telling you
- Ngiyakuthanda – I love you
- Angikufuni – I don't want you
- Angikuthandi – I don't love/like you

Marriage - Umshado/ Umendo/Umgano

Boyfriend - Isoka
  Secret lover – Ishende
  Girlfriend - Intombi
  Groom – Umkhwenyana
  Husband - Umyeni
  Bride – Umakoti
  Fiance – Ingoduso
  Wife – Unkosikazi (Umfazi, this word is more specific to a certain deed of a particular woman and also personal to a husband of that woman, he can call his own wife "umfazi" so it's not proper to just call any woman "umfazi", especially if you don't know her personally and is not your friend)
  Mother in law - Umamezala
  Father in law - Ubabezala
  The wife of my husband - Umnakwethu (in a polygamous marriages)
  The mother of my son's wife – Umlingani (Woman to woman calling each other like that)
  Dowry – Amalobolo
  My wife's sister – Mlamu wami
  Bridesmaids - Izimpelesi

Amagama ezinto ngesiZulu (Zulu names of things):

- ❖❖ – Izinkomo (Cattle)/Imfuyo (Livestock)
- ❖ – Inja (Dog)
- ❖ – Ingwe (Leopard)
- ❖ – Umangobe (Cat)
- ❖ – Ingonyama/Ibhubesi/Isilo (Lion)
- ❖ – Idube (Zebra)
- ❖ – Imfene (Ape)
- ❖ – Injomane/Ihhashi (Horse)
- 🐵 – Inkawu/Iphosak'ndiza (Monkey)
- ❖ – Impungushe (Fox)
- ❖ – Umndeni (Family)
- ❖♥❖ – Izithandani (Lovers)
- ❖ – Abantwana/Izingane (Kids)
- ❖ – Umkhulu (Grandpa)
- ❖ – Ugogo Grandma
- ❖ – Indoda (Man)
- ❖ – Umfazi/Inkosikazi (Woman)
- ❖ – Umfana (Boy)
- ❖ – Intombazane (Girl)
- ❖ – Inkosi (King)/Inkosana (Prince)
- ❖ – Indlovukazi (Queen)/Inkosazane (Princess)
- ❖ – Umkhwenyana (Groom)/Umyeni(Husband)
- ❖ – Umakoti (Bride)/Umfazi/Inkosikazi (Wife)
- ❖ - Isandla (Hand)
- ☝ - Umunwe (Finger)
- ❖ – Indlebe (Ear)
- ❖ – Xhawula (Shake hands)
- ❖ – Amehlo (Eyes)

- Izinyawo (Feet)
- Lala (Sleep)
- Hamba (Walk)
- Gijima (Run)
- Khwela/Qwala (Climb)
- Gibela (Ride)
- Gida (Dance)
- Funda (Read)
- Khulelwe (Pregnant)
- Bingelela (Greet)
- Ima (Stand)/(Stop)
- Bhukuda/Hlamba (Swim)
- Geza (Bathe)
- Gibela (Ride)
- Dlala (Play)
- Isithuthuthu/Umbembeshwa yona (Motorcycle)
- Gwedla (Row)
- Qukula/Phakamisa Izinsimbi(Weight lifting)
- Zidubule/Zithathe isthombe (Selfie)
- Bhala (Write)
- Cwala izinzipho (Manicure) What do we call these animals in Zulu?/ Yisho amagama esiZulu alezilwanyana (Zama ukuqondanisa ngokuyikho/ Try to match correctly)
- Ikhala (Nose)

Asikhulume/Ingxoxo – Let's talk/ Conversation:

Sawubona – Hello (One person)
Sanibonani – Hello (More than one people)
Ninjani – How are you
Siyaphila – We are fine
Singezwa Nina – And how are you
Ungubani igama lakho? – What is your name?
Uneminyaka emingaki? – How old are you?
Wazalwa nini? – When were you born?
Uhlalaphi/Uhlala kuphi? Where do you stay?
Usuka kuphi/uqhamuka kuphi/uvela kuphi/ubuya kuphi? – Where do you come from?
Ulale kahle – Goodnight
Uhambe kahle/usale kahle – Go well/Goodbye
Uzobuya nini? – When are you coming back?
Uzohamba nini? – When are you going?
Uzohamba nobani? – Who are you going with?
Ulale kanjani? – How did you sleep?
Uhambe kanjani? – How did you go?
Ngyabonga – Thank you
Ngyakuzwa – I understand/ I get you
Ngyak'bona – I see you
Ngyak'dinga – I need you
Ngyak'thanda – I love you
Umuhle – You are beautiful
Asambe – Let's go
Woza – Come
Woza lapha – Come here
Hamba – Go

Suka lapha – Move from here
Ungezi lapha – Don't come here
Ungakhulumi – Don't speak/talk
Ungakhulumi nami kanjalo – Don't speak to me like that
Thula – Shut up/Shush
Asambe nawe – Come with me
Asambe sonke – Let's all go
Angiyi lapho – I'm not going there
Asiyi – We are not going
Angithandi/Angifuni – I don't like/I don't want
Awungyeke phansi/Awungshiye phansi – Leave me alone!
Ngyacela – Please
Ngyaxolisa – I'm sorry
Ngzokubona kusasa – See you tomorrow
Ngzokuvakashela – I will visit you
Ngicela ungivakashela – Please visit me
Ube nosuku oluhle – Have a good day

Siyaxoxa / Conversations
EndliniYezihambi / GuestHouse
Ehhotela / Hotel

- Bengicela ukubekisa indlu/Igumbi – I would like to make a reservation
  - Ayimalini amagumbi akho? – How much are your rooms?
  - Liyimalini igumbi? – How much is a room?
- Amagumbi ethu aqala emarandini angamakhulu amathathu igumbi elisezingeni lesisekelo – Our rooms start at R300 for a basic room
  - Ngingalibekisa igumbi? – Can I reserve a room?
  - Ngingabekisa amagumbi amabili? – Can I reserve a couple of rooms?
  - Ufuna ukufika ngaluphi usuku? – What day do you want to check in?
  - Ufuna ukubekisela luphi usuku? – What date do you want to reserve?
  - Ngifuna igumbi kusukela kumhla wamashumi amabili nambili kuNtulikazi kuya kumhla wamashumi amabili nanhlanu kuNtulikazi – I want a room from July 22nd to July 25th
  - Uzohlala isikhathi esingakanani nathi? – How long will you be staying with us?
  - Uzophuma nini? – When will you be checking out?
  - Izinsuku ezingaki ozifunela igumbi? – How many days would you like the room for?
  - Ngizohlala izinsuku ezintathu – I'm going to stay for 3 days
  - Ngingathanda ukubekisa igumbi izinsuku ezine - I would like to reserve the room for 4 days

- Ngizodinga igumbi kuze kube ngumhla wamashumi amabili nanhlanu kuNtulikazi – I'm going to need the room until July 25th
- Ungathanda ukubekisa amagumbi amangaki? - How many rooms would you like to reserve?
- Ngingakubekisela amagumbi amangaki? – How many rooms should I reserve for you?
- Ngizodinga igumbi elilodwa kuphela – I will only need one room
- Ngizodinga amagumbi amabili – I'm going to need two rooms
- Bangaki abantu abadala ozoba nabo? – How many adults will be with you?
- Bangaki abantwana ozoba nabo? – How many children will be with you?
- Ungathanda igumbi elinombhede obanzi noma isingili? – Would you like a room with a king size bed or a single bed?
- Ngingathola igumbi okungabhenyelwa kulo? – Can I have a non-smoking room?

Siyaxoxa / Conversations
Esikhumulweni Sezindiza / Airport

- Ngithanda ukuqinisekisa Indiza yami – I would like to confirm my flight
  - Ngingayithola inombolo yethikithi lakho? - Can I get your ticket number?
  - Ingabe ukhona omunye ohamba nawe? – Is there anybody else traveling with you?
  - Amathikithi akho aseqinisekisiwe - Your tickets have been confirmed
  - Sicela ufike esikhumulweni sezindiza kusasele amahora amathathu ngaphambi kokuba indiza yakho ihambe - Please arrive at the airport 3 hours before your flight depart
  - Ungathanda ukubhukha izihlalo sakho manje? - Would you like to book your seats now?
  - Uzothanda isihlalo esingasewindini noma esingaphakathi? – Would you like a window seat or an aisle seat?
  - Ithini inombolo yethikithi lakho? – What is your ticket number?
  - Ngihlele ukuhamba ziyishumi nanhlanu kuNhlangulana. Ngingaluhlehlisa lolusuku lube kujana? - I am scheduled to depart on June 15th. Can I change this to a later date?
  - Ngingathanda ukubona ukuthi ayikho yini indiza ekhona ezosheshe ihambe – I would like to see if there is an earlier flight available

Siyaxoxa / Conversations
Zazise / Self Introduction

- Ungubani igama lakho? – What is your name?
- Igama lami ngingu Patricia – My name is Patricia
- Uneminyaka emingaki? – How old are you?
- Ngineminyaka engamashumi amabili nantathu – I'm 23 years old
- Wenzani? – What do you do?
- Ngingumfundi – I'm a student
- Uhlala kuphi? – Where do you live?
- Ngihlala eLandani – I live in London
- Wenzani ukuzijabulisa? - What do you do for fun?
- Ngiyathanda ukupenda ngesikhathi sami sekhefu – I like to paint in my spare time
- Mina ngisuka eMichigan – I am from Michigan
- Ngiqhamuka eNew York – I come from New York
- Ngihlala eChicago – I live in Chicago
- Ngiyakuthanda ukufunda izincwadi – I like reading books
- Ngithanda ukufunda nokubhukuda/ nokuhlamba – I like reading and swimming
- Ngiwum'pheki ophambili – I am a good cook
- Nginekhono lokudlala ichess – I am good at playing chess
- Ngiyathanda ukuthenga uma ngingenzi lutho – I like to shop when I'm free
- Ungumngani wami – He's a friend of mine
- Wenzani ke ukuziphilisa? – So what do you do for a living?

Siyaxoxa / Conversations
Imikhombandlela / Directions

- Yebo, yini? – Sure what is it?
  - Uxolo, kungabe sikhona isitolo sokudla ngalapha? – Excuse me! Is there a grocery store around here?
  - Yebo, sikhona esingaphesheya komgwaqo – Yeah, there is one right across the street
    - Ngiyaxolisa, angihlali lapha – Sorry, I don't live around here
    - Ngingafika kanjani ebhange? – How do I get to the bank?
    - Ungangitshela ukuthi likuphi ibhange eliseduze? – Could you tell me where the nearest bank is, please?
    - Ingabe kukude ukusuka lapha? – Is it far from here?
    - Chabo, uzohamba nje imizuzu eyishumi kuphela – No, it's just a 10 minute walk
      - Ikhona irestorenti eseduze kwalapha? – Is there a restaurant near here?
      - Ikhona elaphaya ngasekhoneni – There is a restaurant around the corner
      - Sikuphi isitolo esidayisa okudakanayo esiseduze lapha? – Where is the nearest drugstore, please?
      - Ngiyaxolisa, kuzomele ubuze komunye – Sorry, you'll have to ask someone else
      - Ungangitshela ukuthi ngingafika kanjani esiteshini sesitimela? – Can you tell me how can I get to the train station, please?
      - Kuthe ukuba kude impela ukusuka lapha, kuzoba ngcono uthathe ibhasi - It's pretty far from here, you'd better take a bus
        - Kuzothatha isikhathi esingakanani ukuya khona? – How long will it take to get there?
        - Kungathatha imizuzu engaba amashumi amabili – About 20 minutes

- Kungabe uyazi ukuthi kukuphi eposini? – Do you know where the post office is?
- Ungangibonisa indawo yokwetha uwoyela eseduze? – Can you point me to the nearest gas station?
- Unalo ulwazi ukuthi ngingafika kanjani emall ukusuka lapha? – Do you know how to get to the shopping mall from here?

Ezemidlalo
Sports

- Unobhutshuzwayo – Soccer
  - Umbhoxo – Rugby
  - Umphebezo – Tennis
  - Unompempe – Referee
  - Usomugqa – Linesman
  - Unozinti – Goalkeeper
  - Umqeqeshi – Coach
  - Abalandeli – Supporters/Fans
  - Inkundla yezemidlalo – Sports ground
  - Impempe – Whistle
  - Abadlali – Players
  - Iqembu – Team
  - Iqembu lesiZwe – National team

(You can add more examples of your own)

Ezinye zezisho esiZulwini :
(Some of the Zulu proverbs)

- Ukhandalimtshel'okwakhe – A person who doesn't want to listen or taking any advice from anyone
  - Us'khwiliphambananobhoko – A person who likes to always oppose the majority opinion
    - Uphak'impi – A person who like to instigate war and conflict
    - Uzinyobulala – The only child the parents have
    - Uphumalangasikothe – A very light skinned Lady
    - Indoniyamanzi – A very dark skinned lady
    - Unkunzimalanga – A strong fearless person
    - Umfaz'ongemama – Mother in law
    - Unkunz'emnyama – A very dark skinned man (Sarcasm)
    - Unkunz'ebomvu – Light skinned man (sarcasm)

Amagama ezinto ngesiZulu (Zulu names of things)

- ❖ – Umhlaba (Planet)
- ❖ - Intaba (Mountain)
- ❖ – Intabamlilo (Volcano)
- ❖ – Isiqhingi (Island)
- ❖ - Iqhwa (Ice/Snow)
- ❖ - Ehlane/Ugwadule (Desert)
- ❖ - Isihlahla (Tree)
- ❖ - Umfula (River)
- ❖ – Indlu (House)
- ❖ - Ikhaya (Home)
- ❖ – Iqanda (Egg)
- ❖ – Isidlo (Meal)
- ❖ – Isinkwa (Bread)
- ❖ – Inyama (Meat)
- ❖ – Imifino (Vegetables)
- ❖ – Isithelo (Fruit)
- ❖ – Amazambane (Potatoes)
- ❖ – Ummbila (Maize)
- ❖ – Amaqabunga/Amacembe (Leaves)
- ❖ – Imbali (Flower)
- ❖ – Inyosi (Bee)
- ❖ – Intuthwane/Itsheketshe (Ant)
- ❖ - Ulwembu (Spider)
- ❖ – Intethe (Grasshopper)
- ❖ - Ubulwembu (Spiderwebs)
- ❖ – Ufezela (Scorpion)
- ❖ – Intulo (Lizard)
- ❖ – Inyoka (Snake)

- Inhlanzi (Fish)
- Inkalankala (Crab)
- Umnenke (Snail)
- Uvemvane (Butterfly)
- Ilulwane (Bat)
- Isidladla (Paws)
- Isikhukazi/Isikhukhukazi (Hen)
- Iqhude (Cock)
- Itshwele/Ichwane (Chicken)
- /◇ – Izinkukhu (Fowls)
- Inyoni (Bird)
- Ijuba (Dove/Pigeon)
- Ukhozi (Eagle)
- Idada (Duck)
- Isikhova (Owl)
- Ixoxo/Iselesele (Frog)
- Ingwenya (Crocodile)
- Ufudu (Tortoise)
- Inkomazi (Cow)
- Inkunzi (Bull)
- Ingulube (Pig)
- Intibane (Warthog)
- Inqama (Ram)
- Imvu/Imvukazi (Sheep/Ewe)
- Imbuzi (Goat)
- Indlulamithi (Giraffe)
- Indlovu (Elephant)
- uBhejane (Rhino)
- Igundane (Mouse)
- Unogwaja (Rabbit)
- Ingwejeje (Squirrel)

Test yourself:

Name the following, under each give

- **Amabizo noma amangaki/ Nouns any number you can find**
  - **Izenzo/Verbs**
  - **Iziphawulo/ Adjectives**

- Man/Indoda
- Woman/Inkosikazi
- Lion/Ibhubesi
- Meat/Inyama
- Bird/Inyoni
- Car/Imoto
- House/Indlu

Izicathulo – Shoes
Vocabulary:

Gqoka – Wear
    Izinyawo – Feet
    Izinzwane – Toes
    Hamba – Walk
    Gijima – Run
    Imilenze – Legs
    Isithende – Heel
    Amadolo – Knees
    Amaqakala – Ankles
    Izintambo zezicathulo – Shoe laces
    Amalobo (ezicathulo) – Shoe prints
    Izicathulo zesikhumba – Leather shoes
    Amaqhoks – High heeled shoes
    Ophaqa – Sandals
    Amabhuzu – Boots

Incwadi – Book
Vocabulary:

Incwadi – Book
    Umfundi – Reader
    Umfundi – Learner
    Umfundisi – Teacher
    Isifundo – Lesson
    Imfundiso – Teaching
    Isifundiswa – Highly educated person
    Imfundo – Education
    Ulwazi – Knowledge
    Inhlakanipho – Wisdom
    Ikhasi – Page
    Isahluko – Chapter
    Indaba – Story
    Inkondlo – Poem
    Indaba emfushane – Short story
    Umbhali (wendaba) – Writer
    Umbhali (wencwadi) – Author
    Umhleli – Editor
    Imidwebo – Illustrations
    Imifanekiso – Pictures
    Isithombe – Photo
    Bhala – Write
    Dweba – Draw

Indlu – House Vocabulary

Ikhaya – Home
    Akha/Yakha – Build
    Penda – Paint (verb)
    Hlanza – Clean
    Nweba – Extend
    Amagumbi – Rooms
    Uphahla – Roof
    Ubonda – Wall
    Isango – Gate
    Umnyango – Doorway
    Isicabha/Isivalo – Door
    Isihluthulelo – Key/Lock
    Uthango – Hedge
    Umakhelwane – Neighbor
    Umgqekezi – Burglar
    Ukugqekeza – Burglary/Break-in
    Qasha – Rent
    Qashisa – Let
    Umjondolo/Umkhukhu – Shack
    Isithabathaba – Big House
    Inxuluma – Home with many huts Built in a traditional African way)
    Icansi – Reed mat
    Isigqiki – Chair/Bench
    Ukhezo – Spoon
    Izitsha – Utensils

Igceke – Yard
Umakhi – Builder

Imbali – Flower

Vocabulary:

Qhakaza – Bloom
   Buna – Wither
   Isivande sezimbali – Flower garden
   Chela – Irrigate/Water (Verb)
   Vuna – Harvest
   Hlobisa – Decorate
   Umbukiso wezimbali – Flower display

Izenzo (Ziyaqhubeka)/ Verbs

Hlanza – Clean
   Khanyisa – Light
   Phuza – Drink
   Geza – Bathe/Wash
   Chela – Sprinkle
   Bilisa – Boil
   Lala – Sleep
   Phupha – Dream
   Vuka – Wake up
   Ndlula – Make Bed (after sleeping)
   Ndlala – Make Bed (To sleep)
   Phumula – Rest
   Pheka – Cook
   Qoba – Chop
   Nquma/ Sika – Cut
   Gwaza – Stab
   Gibela – Climb/Ride
   Shayela – Drive
   Hlehla – Reverse
   Ima/Mana – Stop
   Khiya – Lock up
   Vula – Unlock/Open
   Gqoka – Wear/Put on Clothes
   Khumula – Take off clothes
   Mbatha – Cover (with blanket/clothing)
   Mbula – Uncover (clothing/blanket)
   Thosa – Roast
   Yonga/Onga – Save
   Saphaza – Waste
   Khokha – Pay

Ntshontsha/Khwabanisa – Steal
Shushumbisa – Launder
Gwaza/Gwazela – Bribe
Tshala – Plant/Saw
Lima – Plough
Imba/Mbana – Dig
Gqiba/Ngcwaba – Bury
Vuna – Harvest
Thanda – Love
Shada – Marry
Hlonipha – Respect
Vakasha – Visit
Bingelela – Greet
Dlala – Play
Jova – Inject (Doctor)
Yelapha – Heal
Zala/Beletha – Give birth
Siza – Help
Bopha – Arrest
Khula – Grow up
Khanya – Shine
Vuka/Phakama – Rise
Netha/Ina – Rains
Vunguza – Blow (Wind)
Ncibilika – Melt
Nikeza/Nika/Ipha – Give
Ndiza – Fly
(Izandla/Hands)(Iminwe/Fingers)(Izinzipho zomuntu/Nails human) (Amazipho isilwane/Claws animal)
Bamba – Catch/Hold
Gxavula – Grab
Hlwitha – Snatch

Cindezela/Toboza – Press
Thinta – Touch
Klwebha – Scratch
Pitshiza – Squeeze
Phanda – Dig
Hluba – Peel
Phenya – Remove cover
Mboza – Cover
Mbula – Uncover
Ndlala – Make Bed to sleep
Ndlula – Make Bed after sleeping
Bhala – Write
Ngqongqoza – Knock
Khomba – Point(finger)
Ncinza – Pinch
Sebenza – Work
Mema – Invite
(Umhlane/Back)(Izinqulu/Hips)(Ukhalo/Waist)(Izinqe/Buttocks/Butts/Bums)(Isisu/Tummy) (Umphimbo/Throat)
Beletha – Carry a child on the back
Hlala – Sit
Ncika – Lean (against)
Gwinya/Mimilita – Swallow
Khwehlela – Cough
Lala – Sleep
(Amabele/Breasts)
Ncela – Suck
Ncelisa – Suckling/Breastfeeding
(Um'pipi – Penis)
Chama – Urinate/Pee
(Imilenze/Izitho – Legs)(Izinyawo – Feet)
Gxuma – Jump

Gijima – Run
Baleka – Flee
Phunyuka/la /Eqa – Escape
Vakasha – Visit
Nyonyoba – Creep/Sneak
Xosha – Chase
Khahlela – Kick
Gxoba – Stamp/Stomp

We will note that all verbs and nouns will take certain prefixes and suffixes when used in sentences, depending on the manner in which they are used; either in singular or plural form. We also note that Nouns and Verbs have a part that does not change whether in plural or singular form, which is a stem of a word. We will make examples in later lessons.

Inqolobane Yamagama / Vocabulary
#A

Abantu People
    Abakhi – Builders
    Abakhwenyana – Grooms
    ABekho – They are absent
    Abakho – They are yours
    Abakhongi – Negotiators sent by the groom to the bride's family
    Amandla – Power/Strength
    Amazwi – Voices
    Amagama – Words/Names
    Amabizo – Names/Nouns
    Amakhwapha – Armpits
    Amanzi – Water
    Amakholwa – Believers
    Amanono – Neat people
    Amanuku – Untidy people
    Amavila – Lazy people
    Amakhono – Skills
    Amathanga – Thighs/Pumpkins
    Amathumbu – Intestines/Pipes
    Amapipi – Penises/Smoking pipes
    Amaphupho – Dreams
    Amaphuphu – Young birds/Bird's chickens
    Amaphaphu – Lungs
    Amadolo – Knees
    Amadwala – Boulders/Rocks
    Amaganu – Amarula
    Amakhiwane – Figs (wild fruits)
    Amakhala – Noses

Amakhehla – Old men
Amakhanka/ Amankentshane – Wild dogs
AmaZulu – Zulu Nation
Amazwibela – Particles
Amazenze – Ticks (insects)
Amafu – Clouds
Amasimu – Fields (ploughing fields)
Amasiko – Traditions/Cultures
Amakhukhu – Pockets
Amakhambi/Amakhathakhatha – Herbs
Amazinyo – Teeth
Amaqakala – Ankles
Amathunzi – Shadows
Amathuna – Graves
Amathuba – Opportunities
Amathunga – Wooden milking utensils
Amathemba – Hopes
Amathongo – Ancestors/Dead people
Amathole – Older calves
Amankonyane – Younger calves
Amatshe – Stones
Amalulwane – Bats (creatures)
Amazombezombe – Winding road
You can add your own examples.

Inqolobane Yamagama / Vocabulary
#B

Bamba – Hold/Catch
  Bala – Count
  Baleka – Run away
  Banda – Get cold
  Banzi – Wide
  Bandile – They have increased
  Basa – Put woods in the fire
  Bayanda – They are increasing
  Bazokwanda – They will increase
  Beka – Put (down/back)
  Bekezela – Be patient
  Bethela – Nailing something
  Benga – Cut meat into strips
  Bila – Boiling
  Bika – Tell
  Biza – Call/Summon
  Biya – Put fence/hedge around
  Bisha – Sinking in mud/sand/debts
  Bopha – Suing someone/Tie up something
  Bonga – Be grateful/say thank you
  Bohla – Gradually stop swelling
  Bola – Rot
  Bomvu – Red
  Bona – See
  Buya – Come back / Return
  Buza – Ask
  Buka – Look
  Butha – Pick up many things at once

Bukisa – Show off
Busa – Dominate/Rule/Subdue

Inqolobane Yamagama / Vocabulary
#C #Ch #Cw

Cabanga – Think

Caba – Break bones with your teeth when eating meat/ Open a path in a bush by cutting the twigs and trees

Caca – Be radiant/ Be clear

Cakula – Fetch water by a very small container/ take small quantities of something

Canda – Chop woods

Caza – Divide something into two or more pieces

Casha – Hide yourself

Cabuza – Kiss (verb)

Cathula – Take baby steps

Casula/ Canula – Annoy/ Irritate someone

Ceba – Report someone/ Become rich or wealthy

Cela – Ask/Request

Ceza – Deviate from the path to avoid any obstacle

Ceka – Destroy

Ciba – Throw an arrow/spear at a target

Cinga – Look for something that is lost

Cija – Sharpen something

Cisha/Cima – Erase/ Put off the light

Cimeza – Close your eyes

Cinana – Have your nasal cavity blocked/Something that is squeezed close together

Cika – Bore someone

Coba – Disappoint/embarrass someone

Cola – Bless someone with gifts

Cosha – Pick up something small
Coyisa – Grind something into a fine powder/ Do something with greatest care and paying attention to details
Cozula – Divide something into smaller pieces
Cobeka – Feeling emotionally drained/ Have no strength
Cubungula – Analyse
Cuya – Steal pieces from something whole
Cupha – Set a trap
Chaza – Explain
Chama – Pee/Urinate
Chakida – Report someone
Chaya – Spread something in the sun/ Cut something into strips
Chayisa – Promise someone something but never keep a promise
Chazela – Explain something to someone
Chiza – Facial expression that shows disdain and or agitation
Chiliza – Push
Chitha – Spill something
Choma – Show off
Choba – Steal from someone/ Groom someone's hair to kill lice using fingers
Chusha – Go through fenced or enclosed areas
Chuma – Increase greatly
Cwayiza – Blink
Cwazimula/Cwebezela - Glow (Skin)/ Shinning
Cwatha – Clear(sky)
Cwenga – Sieve dirt or impurities out of water
Cwila – Sink(verb)
Cwilisa – Put something in the water/Submerge something

Inqolobane Yamagama /Vocabulary
#D

Dabula – Tear(verb) eg tear a paper etc
   Dalula – Reveal a secret
   Dakwa – Get drunk
   Dazuluka – Shout/Cry with a loud voice
   Deda – Move away/Move back
   Delela – Patronize
   Dedela – Let go
   Delisa – Satisfy someone
   Dela – Give up/ Have enough
   Dembesela – Not putting effort in what you do
   Dida – Confuse
   Dica – destroy
   Dikila – Staying away from something you like because of anger
   Diza – Bribing someone/Give someone gifts
   Doba – Act of fishing/ Go fishing
   Donsa – Pull
   Dubula – Shoot
   Duna – Hijack
   Dunga – Stir up dirt in the water
   Dweba – Draw(verb)

Inqolobane Yamagama /Vocabulary
#F

Faka – Put in (addressing one person)
   Fakani – Put in (addressing more than one person)
   Fakaza – Testify
   Fana – Same/Similar
   Fafaza – To sprinkle something
   Fanele – Suppose to be/ Should be/ Suited by
   Feza – To complete/ To keep/meet/honor your obligations
   Fika – Arrive
   Fica – Catch up with someone/To arrive on someone
   Finya – Wipe your nose
   Fiphaza – To dim the lights
   Fingqa – To shorten something/To summarise
   Fohla – To enter where there is no entry
   Fola – Bow down
   Fongqa/Fongqoza – Fold something forcefully and untidy
   Fumana – Discover/Find out
   Funa – Demand/ Want/Look for something
   Funza – Put food in someone else's mouth
   Fukuza – Work very hard/Use physical strength to work/ Work harder than normal, sometimes rewards are much less than the effort put in.
   Fuya – Have a livestock
   Funga – To make a vow/an oath
   Fuza – To resemble someone else by actions/Take off the grass on roof of a hut thatched by a grass or reed
   Fusa – To preserve wood/seeds using smoke

Zulu Sounds 'G' / Imisindo YesiZulu 'G'

- Igugu – Precious
  - Umgede – Cave
  - Gida – Dance (verb)
  - Goma – Sterilize
  - Guga – Getting old
  - Gwinya – Swallow (Verb)
  - Gunda – Cut hairs on the head/Shave
  - Goba – Bend (verb)
  - Gibela – Climb
  - Gagamela – Interfering into another person's business
  - Ganga – Being naughty
  - Igudu – A pipe used for smoking
  - Ginga – Swallow something wholly
  - Igebe – Space/Void
  - Igoda – Knot
  - Isigubhu – A drum
  - Igovu – A greedy person
  - Isigebengu/ Isigelekeqe – a Thug
  - Ingungumbane – Porcupine
  - Ingubo – Blanket/dress
  - Ingane – Child
  - Ingede – Spy
  - Ingulube – Pig
  - Igula – Calabash
  - Isigemegeme – Disaster
  - Ingozi – Accident
  - Ingabade – Local
  - Liguqubele – Overcast

- Geza – Take a bath
- Guba – Deny opportunities
- Isigwili – Rich person
- Isigwegwe – a Crooked thing/ Not straight
- Isigodi – Valley
- Isiguli – Patient
- Igwala – a Coward
- Igwalagwala – A type of a bird, with Red feathers used by The Royal Swazi Family
- Igundane – a Mouse
- Gwema – Avoid
- Isigubhukane – Immediately without notice
- Isigayegaye/ Isigagayi – Activist
- Igagasi – Wave
- Goduka - Go home
- Gudluka – Move aside
- Gudluza – Move things aside
- Gaklaza - Bang (the door)
- Isigagadu – Desert
- Goba – Bend
- Gubha – Celebrate/ Dig a hole

Inqolobane Yamagama / Vocabulary
#H #Hl #Hlw

Hamba – Go/Walk
Hala/Halela – Craving for something
Haya – Recite praise poem
Heha – Attract/Attractive
Heza – Throw a scarf over the shoulders as a new bride
Hila – Traditionally young men use to do that, when wooing a young woman whe she refused to accept the proposal, young man used to confiscate anything belonging to her so that she will be obligated to accept young men's proposal
Hola – Get paid for a work done/ Lead
Hoba – Hide
Hoxa - Leave/Move back/Excuse yourself/Withdraw
Huba – Sing
Hlaba – Stab/Blame
Hlala – Stay
Hlamba – Wash/bathe
Hlanganani – Get together (addressing more than one person)
Hlangana – Meet (one person)
Hlangula – Make it clean
Hlanza   Clean something/Throw up/Vomit
Hlaziya – Analyse
Hlambulula – Rinse
Hlangabeza – Meet someone
Hlalisa – Stay with someone/Make or help someone sit
Hleba – Whisper/Gossip
Hleka – Laugh
Hlehla – Move back/Reverse
Hlengiwe – The one who is redeemed

Hlenga – Redeem
Hlinza – Skinning an animal
Hliphiza – Disrupt/Do something haphazardly
Hlina – Show a sour facial expression
Hloba – Decorate yourself/Adorn yourself with beautiful attire
Hlobisa – Decorate
Hlola – Test/Investigate/Examine
Hlonza – Diagnose
Hlohloloza – Push someone or something by force
Hlohla – Load bullets in a gun/magazine/ Cause or instigate a conflict
Hlomula – Get a reward
Hloma – Arm yourself
Hlomeka – Do things without any plan or knowledge
Hluba – Peel/ Remove peels
Hluka – Be different
Hluleka – Fail
Hluma – Germinate/Regrow
Hluza – Analyse
Hlwanyela – Put seeds in the soil
Hlwabula – Chew a cud (Herbivores)
Hlwitha – Snatch

Zulu Sounds 'J' / Imisindo YesiZulu 'J'

- Jabula – Be happy
  - Injabulo – Happiness
  - Inja – Dog
  - Injoloba – Rubber
  - Injomane – Horse
  - Jula – Go deep
  - Ekujuleni – In the deep
  - Jika – Turn
  - Juluka – Sweat (verb)
  - Umjuluko – Sweat (noun)
  - Joja – Poke (verb)
  - Njalo – Everyday/all the time
  - Injinga – Very rich person
  - Ijuba – Dove
  - Juba – Send
  - Juma – Attack discreetly/Attacking from behind
  - Gijima – Run
  - Ijongosi – Teenage girl
  - Ijozi – Spear
  - Ijaqaba – Cramp
  - Injongo – Aim/motive
  - Jikijela – Throw
  - Jama/Jamela – Stop moving as if the mind is not working/ Staring without blinking as if you are in deep thoughts
    - Jijimeza – Throw chain questions to someone without giving them a chance to respond
    - Injemane – An alcoholic beverage made from palm (Homemade palm wine)

- Ujantshi – Rail
- Amajikijolo – Berries
- Uju – Honey
- Ujwejwe (also known as isiqatha, upikiliyeza)- Homemade alcoholic beverage (Popular in parts of KZN)
- Ujenga – A very long line/queue of cars/ people

Inqolobane Yamagama / Vocabulary
#K #Kh #Kl

Khala – Cry (verb)
Khaba – Kick (verb)
Khahlela – Kick (verb)
Khama – Wring/Squeeze water out of a cloth
Khanya – Shine
Khanyisa – Put light on
Khalaza – Complain (verb)
Khaca – Talking rough to someone/Scold
Khetha – Choose
Khekheleza – Pretend to work only under supervision but always dodging around
Khipha – Take out/Bring out
Khokha – Pay
Khomba – to Point
Khombisa – Show someone something
Kholwa – Believe
Khonza – Serve/Pass regards
Khula – Grow up
Khuluma – Speak
Khumbula – Remember
Khuza – Rebuke/Reprimand
Klabalasa – Shouting with a loud voice (when singing or talking)
Klaya – Crack (verb)
Klabha – Crack wood with an axe
Klinya – Choke a person by strangling with a neck

Klunya – Pour more than enough water (either to bathe or to cook)

Izisho ZesiZulu / Zulu Sayings

- Ukuphela emehlweni – Ukunyamalala (it's to disappear)
- Ukuduma ngegqagqa – Ukwaziwa kabi (Bad reputation)
- Ukubambisa udonga – Ukuthembisa into engekho (To make an empty promise)
- Ukuwotha ubomvu – Ukuvuka ngolaka(to be very angry/furious)
- Ukuvala ngehlahla – Ukubhubhisa yonke into (Is to destroy everything)
- Ukuvuka inja ebomvu – Ukuvuka ngolaka (Hot anger/Rage/Fury)
- Ukuqotha imbokodwe nesisekelo – Ukubhubhisa yonke into (To destroy everything)
- Ukugeqa amagula – Ukukhuluma zonke izindaba ukhiphe zonke izimfihlo (To tell everything/to reveal everything)
- Ukubika imbiba ubike ibuzi – Ukubeka izaba (To make lots of excuses)
- Ukuthela amanzi emhlane wedada – Ukukhuluma noma ukuzama ukukhuza umuntu ongezwa nonenkani (To try to talk to a person who is stubborn)
- Ukuphambana nemvula – Ukufa (To die)
- Ukuyothenga ilala – ukufa ngokwemuka namanzi (To die by being swept away by strong water currents)
- Ukushaya inja ngekhanda – Ukuba mpofu khakhulu ungabi nalutho/Ukweswela okukhulu (To be very poor and have nothing)
- Ukubamba ithambo – Ukuxhawula (To shake hands)
- Ukudla amathambo ekhanda – Ukucabanga ujule (To be in deep thought)
- Ukukhipha unyawo – Ukuveza ikhono noma ubuciko obuthile (To go overboard to show a certain skill/talent)

- Bahlangene phansi, phezulu bangamahele – People who pretend to be on a good relationship when they see each other but they gossip and backbite each other behind each other's backs
- Akwaziwa mbhantshi kujiya – We don't know what is going to happen
- Intaka ibekelwe amazolo – Fully prepared for the journey ahead
- Amathe abuyela kwasifuba – being tongue tied after proven wrong
- Itshe limi ngothi (Nkombose kababa) – Something is suspicious
- Umthwalo usobhokweni – Being ready to travel/go
- Umanxiwa angamili mbuya – A person who don't settle in one place for long time
- Isandla sidlula ikhanda – Thank you
- Ingane engakhali ifela embelekweni – One who doesn't ask for help will be overcome by his own challenges/ will fail
- Amakhonco akhala emabili/ Ubucwibi obuhle obuhamba ngabubili – Two heads are better than one
- Inxeba lendoda alihlekwa – Don't celebrate someone else's misfortune
- Lala ngenxeba – Sorry
- Akwehlanga lungehli – Condolences
- Inyoni ishayelwa abakhulu – When you are successful remember those who put you there/Don't forget your seniors when you have succeeded in life
- Ungibheca ngobubende inyama ngingayidlanga – Implicating me in something I never did
- Ayinuki ingosiwe – Rumours are always coming from a certain truth
- Elempabanga libonwa mumva – Poor/unprominent people's ideas/views considered at a last resort
- Ushanela kude njengesundu – You are good at seeing other people's mistakes but can't see and fix your own

- Ithi ingahamba idle udaka - Beggars can't be choosers
- Uyohamba ubuye njengengubo kaZinyongo – When you leave people who helped you without a reason, when things are bad for you, you will remember them and be forced to go back to them
- Umvundla ziwunqanda phambili – Don't ever think that you don't need other people in your life, when you encounter problems, you will come back to them

Amagama amqondofana (Synonyms):

* Umdondoshiya – Tall and big/Giant
  * Uswahla – Tall guy
  * Indoni yamanzi – Dark skinned lady
  * Uphumalanga sikothe – Light skinned lady/Yellow bone
  * Umantindane – Very short person (Derogatory/sarcasm)
  * Umthakathi/Umkhunkuli – Witch
  * Us'khandamayeza – Doctor/traditional healer
  * Ingevu (Udla ingevu) – Talking too much
  * Iconsi/Igqabho (Ukuba negqabho) – easily irritated person
  * Unontandakubukwa – Attention seeker
  * Umhobholo – Greediness
  * Ukhetha iphela emasini – Doing favours only to friends/family
  * Inkinsela – Rich person
  * Inhlekabayeni – A person who is always laughing even things that are not funny
  * Undabuzekwayo – Famous person
  * Uqhwayilahle – Jobless person
  * Intengu – Very talkative person
  * Isihluthulelo – Key/Lock
  * Isichwensi – Someone who takes pleasure in offending others/Bully
  * Uphumasilwe – A person who like to fight
  * Uphakimpi – A person who like to instigate war/fight among people.
  * Isiphalaphala – A very beautiful lady/woman
  * Isinqandamathe – Girlfriend (Romantic)
  * Ishende – A secret lover of a married woman
  * Umngumatha – A person without any contribution or opinion in anything.

Amagama aphikisanayo/Opposite words)

* Omude (Tall one) – Omfushane (Short one)
* Omkhulu (Big) – Omncane (Little)
* Omdala (Old) – Omncane (Young)
* Omningi (Many) – Ingcosana (Few)
* Phansi (Down) – Phezulu (Up)
* Ekujuleni (Deep) – Kuphakeme (High)
* Amanzi agcwele (full of water) – Amanzi ayisicethe – (Shallow water).
* Kuyashisa (It's hot) – Kuyabanda/kupholile (It's cold/It's cool)
* Izikhukhula (Flood) – Isomiso (Draught)
* Imini (Daylight) – Ubusuku (Night)
* Ukukhanya (Light) – Ubumnyama (Darkness)
* Kude/Buqamama (Far) – Eduze – (Near)
* Ngaphakathi (Inside) – Ngaphandle (Outside)
* Uhlanzekile (Clean) – Ungcolile (Dirty)
* Inono (Very neat/clean person) – Inuku/idixa (Dirty/untidy) person)
* Khuluphele (Fat) – Wondile/Zacile (Lean)
* Cebile (Rich/Wealthy) – Mpofu/Isichaka (Poor)
* Isilisa (Male/Masculine) – Isifazane (Female/Feminine)
* Uthando (Love) – Izondo (Hatred)
* Uvalo/Ingebhe (Fear) – Ithemba/kholwa (Hope/Faith)
* Ubugwala (Fear/Cowardness) – Isibindi (Brave/Courage)
* Libanzi (Wide) – Lingumngcingo (Narrow)

Self-assessment/Zihlole:

- **Nouns/Amabizo**

Zama ukuthola Amabizo ngaphansi kwalezinhlobo: Try to identify Nouns under the following categories:

- Common Nouns/Amabizomvama
- Concrete Nouns/Amabizo ezinto ezibonakalayo
- Uncountable Nouns/Izinto ezingabaleki
- Abstract Nouns /Ezingabonakali
- Proper Nouns /Amabizongqo
- Collective Nouns /Amabizoqoqa

- People / abantu
- Boy/umfana
- Tree/ isihlahla
- Rebecca /uRebecca
- New York /eNew York
- Water/amanzi
- Milk /ubisi
- Wind/isiphepho/umoya
- Shoal/School of fish /inqwaba yezinhlanzi

Self-assessment/Zihlole:

1. Verbs/Izenzo

Veza Izenzo kulamagama owanikiwe, igama ngalinye kungenzeka liveze Izenzo ezingaphezulu kwesisodwa/identify & list verbs from the given words, it's possible that one word can give you more than one verb.

- Amehlo/eyes
- Isandla/hand
- Umlomo/mouth
- Ikhala/nose
- Unyawo/foot
- Isihlalo/seat
- Umbhede/bed
- Izidlo/foodstuff
- Incwadi/book
- Isibhamu/gun
- Imoto/car
- Imali/money
- Ibhanoyi/airplane

Self-assessment/Zihlole:

1. Adjectives/Iziphawulo

Zama ukuthola Iziphawulo kulamagama alandelayo: Try to find Adjectives from the following illustrations:

- Intaba / Mountain
- Indoda/ man
- Inja/ dog
- Isihlahla/ tree
- Imbali/ flower
- Ibhele/ bear
- Isibhakabhaka/ sky
- Ilanga/ sun
- Owesifazane/ woman

Self-assessment/Zihlole:

1. Animals /Izilwane

What do we call these animals in Zulu?/ Yisho amagama esiZulu alezilwanyana (Zama ukuqondanisa ngokuyikho/ Try to match correctly)

1. Inkukhu
2. Ingulube
3. Inkomo
4. Imbuzi
5. Imvu
6. Ihhashi
7. Imbongolo
8. Inja
9. Umangobe

1. Sheep
2. Dog
3. Cat
4. Cow
5. Pig
6. Chicken
7. Goat
8. Donkey
9. Horse

Self-assessment/Zihlole:

1. Izinto/Things

What do we call these things in Zulu?/ Zibizwa ngani lezinto ngesiZulu (Zama ukuqondanisa ngokuyikho/ Try to match correctly)

1. Fire
2. Tree
3. Door
4. Flower
5. Rock
6. Sun
7. Water
8. Vegetables
9. Grass
10. House

1. Ilanga
2. Idwala
3. Amanzi
4. Utshani
5. Isihlahla
6. Indlu
7. Imifino
8. Imbali
9. Isicabha
10. Umlilo

Self-assessment/Zihlole:

1. Wild animals / Izilwane zasendle

What do we call these animals in Zulu?/ Yisho amagama esiZulu alezilwanyana (Zama ukuqondanisa ngokuyikho/ Try to match correctly)

1. Zebra
2. Buffalo
3. Giraffe
4. Hippopotamus
5. Elephant
6. Lion
7. Hyena
8. Wild dog
9. Leopard
10. Crocodile

1. Impisi
2. Ingwenya
3. Inkentshane
4. Imboma
5. Ibhubesi
6. Idube
7. Indlulamithi
8. Indlovu
9. Inyathi
10. Ingwe

www.ingramcontent.com/pod-product-compliance
Lightning Source LLC
Chambersburg PA
CBHW031356040426
42444CB00005B/318